“两弹一星”元勋

故事丛书

陈芳允：对话星河

CHENFANGYUN DUIHUAXINGHE

舟欲行 ㊟著

青海人民出版社

图书在版编目（CIP）数据
陈芳允：对话星河 / 舟欲行著. -- 西宁：青海人民出版社，2024. 9. --（“两弹一星”元勋故事丛书）.
ISBN 978-7-225-06754-4
Ⅰ. K826.16-49
中国国家版本馆 CIP 数据核字第 2024EA0588 号

“两弹一星”元勋故事丛书
陈芳允：对话星河
舟欲行 著

出 版 人 樊原成
出版发行 青海人民出版社有限责任公司
西宁市五四西路 71 号 邮政编码：810023 电话：（0971）6143426（总编室）
发行热线 （0971）6143516 / 6137730
网 址 http://www.qhrmcbs.com
印 刷 青海雅丰彩色印刷有限责任公司
经 销 新华书店
开 本 890 mm × 1240 mm 1/32
印 张 8.875
字 数 167 千
版 次 2024 年 9 月第 1 版 2024 年 9 月第 1 次印刷
书 号 ISBN 978-7-225-06754-4
定 价 38.00 元

引　子

三个时空的对话

时空？何谓时空？

时间……

空间……

哲人说：人类的诸多“本相”中，最普遍的一个，就是“疑问”。

人之初，性本“疑”。人类之始来，有多少双眼睛仰望星空，又有多少人试图对寄生于其中的时间与空间，给出自己的答案？

科学的、哲学的、神学的、美学的……

可证的、玄幻的、形而上的、诗意盎然而奇思妙得的……

也许在一步步接近时空的本质，也可能正迷离恍惚、一步步远离真实。

也许，我们还可以把时间和空间，想象成两个纵轴平行的球体在相向旋转，它们总有一小部分相互交叠，而那“时空交错”的一小部分，就是我们生乎其中、又知之甚少的宇宙；至于那未曾交叠、渺不可及的部分，我们确知它的存在，却永远不可抵达。

人类何其微小，“寄蜉蝣于天地，渺沧海之一粟”（苏轼《赤壁赋》）。说到空间的无穷，则感慨“天高地迥，觉宇宙之无穷；兴尽悲来，识盈虚之有数”（王勃《滕王阁序》）；说到时间的无限，则浩叹“前不见古人，后不见来者”（陈子昂《登幽州台歌》）；伤感而至玄远的，咏诵出“飞光飞光，劝尔一杯酒。吾不识青天高，黄地厚，唯见月寒日暖，来煎人寿”（李贺《苦昼短》）；犹疑抑且不甘的，则沉吟着“惟天地之无穷兮，哀人生之长勤。往者余弗及兮，来者吾不闻”（屈原《远游》）……

然而人类，又是何其伟大——低下头，已可“视通”0.000001毫米的“纳米”；抬起头，可以对话930亿光年的星河。

哦，星河！

“日月之行，若出其中；星汉灿烂，若出其里”（曹操《观沧海》），尽管我们早就知道“吾生也有涯，而知也无涯。以有涯随无涯，殆已”（《庄子·内篇·养生主》），但无法阻止我们对浩瀚宇宙的眺望，无法终止我们对时空边界的探索。

在这里，我们要讲述的，正是一个“对话星河”的中国故事。

这个故事的主人公，就是“两弹一星”功勋奖章获得者——陈芳允先生。

——他是谁?

——他早在 1957 年，就对由苏联发射的世界上第一颗人造地球卫星进行了无线电多普勒频率测量，计算出该卫星的轨道参数，进而使这种方法成为我国人造地球卫星跟踪测轨的主要技术；

——他 1960 年，就参与论证了我国原子弹核爆试验的脉冲鉴别器研制方案，并于 1963 年与同事一起，研制出多道脉冲分析器，用于中国的原子弹核爆测试；

——他 1964 年，成为中国卫星测量、控制技术的奠基人；这一年，他还为中国空军研制成功机载抗干扰雷达；

——他 1965 年，担任卫星测量、控制的总体技术负责人，制定了我国第一颗人造卫星“东方红一号”的测控方案；

——他 1968 年，与中国科学院合作研制成功以多普勒测试仪为主的我国第一代卫星测量系统；致力于卫星地面测控网站的建设，并完成了我国第一颗返回式遥感卫星的测控系统方案的设计和制定工作；

——他 1973 年，创造性地提出我国通信卫星应用“微波统一测控系统”的建议，这项系统设计，是中国航天测控领域里具有突破性的一项重大科研成果；

——他 1983 年，在国际上首次提出“双星定位通信系统”设想，奠定了我国双星导航定位（北斗）系统研制与发展的理论和技术基础；

——他 1985 年，连获两项国家科学技术进步奖特等奖、一获国家科学技术进步奖三等奖；

——他始终以强烈的政治责任感和敏锐的科学意识，密切关注世界科技发展的现状和动向，1986年3月，由他发起，由陈芳允、王大珩、王淦昌、杨嘉墀四位著名科学家联名，向党中央发出了那封著名的“建言书”——《关于跟踪研究外国战略性高技术发展的建议》，得到了邓小平等中央领导同志的高度重视,举世瞩目的“863计划”由此诞生。“863计划”作为中国高技术研究发展的一项战略性计划，有力地促进了中国高技术及其产业发展，不仅是中国高技术发展的一面旗帜，而且也成为了中国科学技术发展的一面旗帜；

——他1990年当选为国际宇航联合会副主席；

——他1993年与杨家墀、王大珩一起发表《我国月球探测技术发展的建议》；

——他1996年获中国航天基金奖和何梁何利基金科学与技术进步奖；

——他1999年被授予“两弹一星”功勋奖章。

——他的名字，已成为一颗行星的名字，至今这颗“陈芳允星”还在辽阔的苍穹中闪闪发光，从天宇间回望着他的祖国……

我们将构想出“三个时空”，重现一位中国科学家的身影和目光。

【时空之1】

地点：浙江·台州·黄岩，一个叫“委羽”的小山岗。

时间：20世纪20年代的一个初夏。

委羽之山，一名“俱依”，又名“龟兹”，亦称龟山。出黄岩城往南，行步三四里可见。此山平地凸起，两河左右，四无依傍，高不过二十五六丈，却有五峰攒立。据明万历《黄岩县志》记载：汉高祖刘邦的后裔刘奉林曾在此修道成仙。有仙鹤白日飞升，三绕其山，鹤坠羽翮，故得名“委羽山”。

今天郊游登上委羽山，且行且对话的，是一对父子。

中年的父亲一袭长衫，脚上一双布鞋，腋下夹着把油纸伞，看面相，萧疏沉静，像是个读书人，可身板笔挺，脚步坚实，每一步的步幅都像是用尺子量过的，分毫不差，这形象、这脚步中，隐隐然透出一股军人的气度。

那少年还在稚龄，身材细瘦，脸庞俊秀文静，一双眼睛虽不大，却灵动活泼，像星子一样闪烁出孩子气的疑问：

“父亲，在山顶，能看见咱们后巷的家吗？能看到五里桥和外公外婆家吗？”

父亲抬眼眺望，眼下的薄云浅雾，遮住了人间的城郭。少年继续问：

“那咱家的新太和酱坊和橘园呢？”

父亲不答，抚着儿子毛茸茸的头反问：“阿玉，塾里的朱希晦朱老先生教没教过你读杜甫的《望岳》？”

“教过的！教过的！”少年用清亮的嗓音背诵起来：“岱

宗夫如何？齐鲁青未了。造化钟神秀，阴阳割昏晓。荡胸生层云，决眦入归鸟。会当凌绝顶，一览众山小。”

“会当凌绝顶，一览众山小。”父亲重复着，抬手把儿子的目光引向远方。那里的西江、南官河，静若丝带，无声地汇入永宁河，而后再注入更远的灵江，灵江由此直下东南，江水改名换姓，称为椒江，椒江再一路东行，就奔向辽阔的东海了。

远方，大地空阔，山峦隐现，人烟鸟迹，飘风流云……这一切，都在少年的眼中次第叠现。

远方，有比自家后巷的青瓦老宅、飘着酒香的酱园和挂满蜜橘的橘树更阔大、更丰赡、更诱人的风景。

“阿玉，再看看那儿！”父亲的手，指向天空。

天空，半阴半晴，微有雨意，此外，什么都没有。少年困惑了，闪着那双机灵的眼睛，像是在对父亲提问。

父亲笑了：“如果是夜晚，你会在那里看到什么？”

“星星！”少年叫了起来，“星星！有北斗七星和北极星，有牛郎星织女星，还有太白金星和一下子就飞过去的流星……嗯，星星的家，建在一条天上的河里，星河就横在我们头顶上，嗯，朱先生还教我们读过李太白的《夜宿峰顶寺》：‘夜宿峰顶寺，举手扪星辰。不敢高声语，恐惊天上人’！”

回家的路上，父子俩都沉默着。

下雨了，父亲撑起了通红的油纸雨伞。

黄岩的街巷在细雨中半梦半醒，清的河、浅的塘、弯的桥、窄的巷，还有官河畔的鲜鱼羹、孔庙前的桂花糖、榨油坊的芝麻香、砚池旁的青蛙鸣……走着走着，少年突然在青石板路上停住脚步。

“阿玉，怎么不走了？”父亲问。

“父亲，咱们人，真的能‘举手扪星辰’吗？”

父亲沉吟片刻，反问：“要不要试试？”

“要的！要的！”少年几乎跳了起来。

“那就……”父亲说：“那就去读书，去走遍天下，去看看这世界、这天空，也试试自己能不能飞得那么高。”

父亲加重语气说：“阿玉呀，将来，你不要想着去做大官，要想着去做——大——事——”

阿玉——学名叫作“陈芳允”的黄岩少年，似乎明白，又有些懵懂，他的眼里满是期待和憧憬。

此刻，一群白色的鸟儿“呕——呕——”叫着，从少年“阿玉”——“陈芳允”的眼前翩翩飞过。那不是委羽山传说中的仙人白鹤，那是一大群红喙墨爪、翅膀雪白的海鸥，正飞向东海海岸渐起的隆隆潮声。

【时空之2】

地点：北京

时间：1999年9月18日，夜

83岁的陈芳允先生在病房中，这一天是农历的八月初九，北京的秋夜长空上，未圆之月已是很亮很大了，静得像悬在天庭上的一池湖水，没有一丝波澜。

陈先生枕旁，有张已故夫人沈淑敏教授的遗像；一侧的小桌上，是夫人生前亲手栽种的君子兰。

沈淑敏生于1915年，算起来，比陈芳允还大一岁。她1937年毕业于苏州东吴大学生物系，从事教学和科研长达近60年，曾先后在上海医学院、贵阳医学院、清华大学农研所、华西大学、燕京大学和云南大学医学院担任助教、讲师；1950年到中国科学院上海实验生物所任助理研究员；1956年协助贝时璋先生创建了中国科学院生物物理研究所，先后担任副研究员、研究员；1958年，她协助贝时璋先生创建中国科学技术大学生物物理系，任系副主任；1974年，她创办了《生物化学与生物物理进展》，任该刊主编……直至1987年，这位身材瘦小、72岁的老太太才退休……到沈淑敏病故的1996年，两位科学家伉俪携手走过了53年的风风雨雨。

今夜，那盆君子兰依旧舒展着厚实的叶片，那稳重沉静的绿意，正像是气如幽谷兰的沈淑敏女士。

今夜，君子兰的旁边，放着陈芳允下午刚刚荣获的“两弹一星”功勋奖章。

今夜，星河寂寂，陈芳允会有什么样的话对云汉相隔的妻子说呢？

那对话，我们只能猜测，它也许是这样的——

淑敏，老伴儿：

你还好吗？

今天下午，医院准了假，我去了一趟人民大会堂，现已回来多时，身体还应付得来，勿念。

下午的会，是在人民大会堂的大礼堂开的，会场上的巨幅标语，写的是“热爱祖国、无私奉献，自力更生、艰苦奋斗，大力协同、勇于攀登”，这是“两弹一星”精神。好多咱们的老熟人、老同事都参加了授勋仪式，钱学森、任新民、屠守锷、黄纬禄、程开甲、王大珩、杨家墀、王淦昌、王希季、孙家栋……大家都在，但赵九章、钱骥那几位老先生早已故去，无缘今天的盛典了。

淑敏，大会是下午3点开始的，先奏唱了咱们最熟悉的国歌——《义勇军进行曲》。党和国家领导人都到了会，江泽民总书记在讲话中特别说道：“中国人民有站在世界科技进步前列的勇气、信心、智慧和力量。”这句话，很有劲儿！总书记后面说的话我念给你听，他说道：希望全国各族人民学习和发扬他们为祖国和人民的崇高的刻苦钻研精神、开拓创新精神和拼搏奉献精神，继续努力奋斗，满怀豪情地把建设有中国特色社会主义事业全面推向21世纪……“两弹一星”事业的发展，不仅使我国的国防实力发生了质的飞跃，而且广泛带动了我国科技事业的发展，促进了社会主义建设，造就了一支能吃苦、能攻关、能创新、能协作的科技队伍，极大地增强了全国人民开拓前进、奋发图强的信心和力量。“两弹一星”的伟业，是新中国建设成就的重要象征，是中华民族的荣耀与骄傲，也是人类文明史上的一个勇攀高峰的空前壮举。

淑敏你看，这就是那枚勋章，这里刻着五星和长城，这里是橄榄枝。五星，代表着咱们的国家；长城，既象征着中华民族坚强不屈的精神，又象征着共和国坚不可摧的国防；而橄榄枝，则表明我国研制“两弹一星”的目的是维护世界和平。这勋章比我想象中的要大一些，直径足有 80 毫米，99.9% 黄金铸造，515 克，掂在手里，还是蛮沉的。

真希望你能和我一起经历今天这个日子，就像咱们当年在昆明、在成都、在黄岩老家、在上海或渭南、在中关村旧宿舍时一样；真希望把这枚勋章挂在你的胸前，希望咱们老夫妻俩能再次手挽手去仰望星空、对话星河，看谁能先找到咱们送上太空的那一颗颗卫星。

淑敏，你问我现在的心情吗？其实我心里是很平静的。可我改不掉老毛病，平静中，还是有几分焦虑——人生苦短，还有那么多事没有做，那么多问题没有解决，那么多设想没有去实践……黄岩的老同学王克宬、林希圣他们来信问安好，我想告诉他们实情：缠人的肺炎好得很慢，腰腿不好，走路困难，手脚还有发僵的感觉……但我希望能很快好起来，我还惦念着中国自主研发的小卫星系统、双星定位、北斗导航试验卫星、“863”计划……

淑敏，中秋就要到了，按咱们黄岩老家的习俗，中秋不过八月十五，过八月十六，还要吃“光饼”。愿你能在节日里听见我对你说的话，愿我们总能这样安静地说话，无论月圆月缺，都在一起……

【时空之3】

地点：北京

时间：2023年秋，中秋将至月将圆的一个子夜。

陈芳允先生是在获得“两弹一星”功勋勋章之后半年多——2000年4月29日逝世的，距离笔者开始这部《陈芳允：对话星河》的写作，已经过去了23个年头。

在先生逝世的第二年——2001年6月4日，一颗由中国科学家发现、国际永久编号为10929号的小行星1998CF1，经国际天文学联合会小天体命名委员会批准，由国际天文学联合会《小行星通报》第43191号通知国际社会，正式命名为“陈芳允星”。按照小行星编号、命名规律，这颗“陈芳允星”应该是人类1998年发现的第151颗行星。那还是1998年的2月1日，北京天文台施密特CCD小行星项目组，在兴隆观测基地第一次发现了这颗行星闪烁的流光。

而 1998 年的 2 月，先生还在世呀。

今天，这颗“陈芳允星”运行在哪片天宇？

今天，我们距离这颗星有多远？

今天，我们——我和陈芳允先生，还能作一次跨越时空的对话吗？

也许，我先要对他说：先生您知道吗？我和您，竟然是同年入伍的“兵”。1976 年，我 18 岁，正式入伍，成为一名海军舰艇水兵；1976 年，您整整 60 岁高龄，花甲入伍，成为中国人民解放军国防科委河南洛阳跟踪与通信技术研究所的副所长。先生，咱们还有相同的习惯，就是总把不再上身的军装叠得整整齐齐、打理得干干净净。

也许，我还要说：我或许真的有缘见过先生呢——80 年代初，我国开始进行向太平洋发射运载火箭的试验，中国人民海军以总吨位 17.4 万吨的 18 艘舰船，组成庞大的护航、测量、保障特混编队，首次跨越 50 度经差、40 度纬差、4 个时区、4 个风带和台风形成的 8000 海里航程，走向远海，走向深蓝，圆满完成了运载火箭发射的试验测量、数据舱打捞回收和护航任务。当时，为解决“远望”号航天测量船上各种大型电子设备的信道干扰问题，您不顾高龄，亲自跟船出海，直入大洋风涛，现场提出了解决方案，一举突破了这一重大技术难题。而那时，我还只是随编队出海采访的小小记者，隔着风浪、甲板和人群，我或许见过您的身影，只是您一身蓝咔叽布工装，蓝布帽遮住了半白华发，让很多人把您当成了一位工厂的“老师傅”。

也许，那是我与您最真切的一次“会面”——1999 年 9 月 18 日，人民大会堂，您郑重接受了“两弹一星”功勋勋章。对您的介绍是：长期从事无线电电子学及电子和空间系统工程的科学研究和开发工作的无线电电子学家，中国卫星测量、控制技术的奠基人之一，中国科学院院士，中国科学技术大学和国防科技大学教授……那时，我在海军的一个军事理论研究部门做研究员，我自然更知道您的贡献对世界、对中国、对中国的国际地位和国防战略，具有何等的分量。那时，我在台下仰望，那是对“仰望星空者”的仰望；那时，我渴望与您对话，完成一次对“对话星河者”的对话。

也许，今夜，2024 年初夏的子夜，那颗以您的名字命名的“陈芳允星”，正飞过我们头顶的深碧长空。请允许我向您发出邀请，请您暂停划过天宇的脚步，向我们讲述您黄岩故乡的童年，讲述您的清华岁月，讲述雾都重庆和雾都伦敦，讲述北京的中关村 10 号楼，讲述秦岭山麓和大西北，讲述从戈壁到海洋的所有经历……也讲述太空，讲述“东方红一号”和“北斗”，讲述中国的航天事业和灿烂群星，讲述一个属于中国、属于这个时代的故事。

下面，请您开始讲述——我在静听，我和我的读者，都在静听。

目 录

contents

目　录
contents

第一章

从黄岩到清华

永宁江又叫澄江，有人说：永宁江是黄岩的“母亲河”。

这条永宁江，在南宋台州文人陈耆卿（1180—1236）主纂的《嘉定赤城志》里有如下详细记载：

> 永宁江源出县西北三百四十里。按：旧志：有大小二源。大源出尘山，东南流，广一十五步，二百一十里至左溪村；小源出黄岩山，东北流，广五步，一百里至大溪与大源合。然平浅不通舟，又东流三十里至官奥村，无滩碛，直下永宁江，广逾百步。又东流一百里，从县北过三十五里，会临海县海口，入于海。从源至海，水程四百八十里。《寰宇记》称：东山，北临永宁江，谢灵运尝登焉。灵

运有《望海》诗……

如果我们以一颗高度500千米的低轨道近地卫星的角度，从太空俯瞰中国大地，特别是俯瞰东南沿海一带，那大大小小、星罗棋布的城市，就像一条落在人间的灿烂星河。而位于浙江省中东部，台州市中部偏南的黄岩，就是这人间星河中一颗不算太大的星星。因为那条永宁江，唐高宗李治在位的上元二年（675年），此地始设永宁县，但“永宁”的名字只用了十五年。公元690年，武则天改“唐”为“周”，改年号“天授”，也正是在这个朝野动荡缭乱、不得安宁的“天授元年”，“永宁县”改叫了“黄岩县”。

到了1000多年后的民国初年，黄岩已是水陆交通便利、车船辐辏往来的商业繁华之地。黄岩城内，有好几条商铺林立的商业街，头一条就是由北门头、苍头街、大井头、大街到尚书坊的南北走向街区；稍次一点的是东西走向的城隍前、县前街、司前街、脚殿下。与此相较，西街和桥上街那一段儿，虽也是买卖铺户鳞次栉比，可热闹劲儿却稍淡了些。在西街与桥上街之间，有座横跨西江的五洞桥，桥长二十丈，桥宽一丈五，始建于宋元祐（1086—1094）年间。元代诗人潘士骥曾作《西桥待秋》诗，咏黄岩五洞桥：

玉虹横处隔市喧，夜痕冷浸青青天。
风生万籁泻金液，风定一颗摩尼圆。

黄岩陈姓世家众多，据《黄岩姓氏溯源之陈姓》（上、下）（作者陈明达、夏吟，上篇载于《今日黄岩》2018 年 4 月 11 日第四版，下篇载于《今日黄岩》2018 年 4 月 25 日第三版）考证，有上郑陈氏、四厅陈氏、东门陈氏、东禅巷陈氏、下曹陈氏、六都陈氏、奇石岙陈氏、洋岙陈氏、长带屋陈氏、上桥陈氏、童家洋陈氏等，但这些个“陈”，都和陈芳允的家族没有关系。陈芳允他们陈家在黄岩，纯粹是个“外来户”；五洞桥旁，才是陈芳允祖上在黄岩最初的落脚处，时间大约是在清代咸丰年间、遭逢太平天国烽火之时。

陈家祖辈，自此开始在黄岩筑灶起爨，开枝散叶，历经辛苦劳碌，惨淡经营，渐至小康，不但在黄岩落地生根，到陈芳允祖父这一代，还在老横街中段北侧的后巷盖起了不小的宅子。

后巷，也是条不大起眼儿的小巷子，前面临近个庙宇叫“邑祖庙”，不知道供奉的哪路神仙，连带着陈家老屋所在的巷子，也被叫作“前殿后巷”，黄岩人通常喊它“前殿后”或“殿后巷”。让人始料不及的是，这条小小的巷子里，不但走出了“两弹一星”元勋陈芳允，还走出了另一位参与过人造卫星“东方红一号”工程、曾负责“卫星观测裙”研制的科学家林仙友先生，并且他们出自同一所中学。

陈芳允的父亲，是家中长子，关于他，《黄岩姓氏溯源之陈姓》有稀见的记载：

陈最，字立信，后巷人，保定陆军速成学校毕业，官营长，开有新太和酱坊。陈芳允（1916—2000），立信子，清华物理系毕业，“两弹一星”功勋奖章获得者。

原来“陈最”，才是陈芳允父亲的名字，“立信”是他的字；而他后来开的酱坊字号，叫“新太和”。

探佚历史，既是一种述史者的责任，也是一种乐趣。笔者在黄岩区政府网站查到了2023年4月12日刊登的《回忆民国时期黄岩城关商铺分布》一文，作者是位1931年出生、未具姓名的老先生，他回忆中的陈记“新太和酱油店”，位于“大井头（双弄的南弄西口至草行巷西口）”东侧，与之同在一条街的买卖铺户，是“朱永和酒店、张金法南北货店、陈顺亨布店、徐姓薯丝行、任雨亭薯丝行、陈文斌棉筒店、奶娘棉筒店、胡万利打铜店、西瓜行、王姓小油行、王天隐冥器店、帽草店、孙鼎泰碗店、李祥春小弄堂、胡合昌打铜店、池锦春银楼”，和“黄友松土布行、大寺行西口、卢甡记土布行、朱正成布店、恒升中药店、协大酱油咸货水作坊、广智书店、晋康布店、毛沛昌酒店、毛弄头西口、新生园糖果店、牟维金咸货店、王聚盛丝线店1944 ~ 1948年址、毛以超西药房、锦文斋纸店、张同昌酒店、童保和南北货店、沈宝山中药店、叶梅宝水果店、焦道生猪肉摊兼肉皮泡店……”

然而曾令笔者困惑的，是陈芳允的父亲陈立信早年入军校的经历。

关于陈芳允的父亲陈立信就读的军校，前引文中说是“保定陆军速成学校”，还有的资料说是“北洋陆军速成学堂”“保定陆军学堂”“保定军官学校”……时间、名称错乱，莫衷一是；这“非关紧要”的旧案，似也没人细究。

然而为此，笔者专门恳请长期在“保定军校纪念馆”从事文博和保定军校历史档案研究的朋友查找资料，仔细阅读他们寄来的厚厚史料，笔者确信陈芳允的父亲陈立信在保定就读的，是当时叫作“通国陆军速成学堂”的军校（另称“陆军协和速成学堂”或“陆军协和速成武备学堂”），其报考、入学时间应该是清光绪三十二、三十三年，即1906—1907年间。

这里面的曲折，连通着一个没落王朝的“政治弯弯儿绕”——在此之前，保定确实有一座“北洋陆军速成学堂”，这座军校的另一个叫法，是“直隶陆军速成学堂”，开办于光绪二十九年（1903年），隶属于北洋军政司教练处，是直隶总督、北洋大臣袁世凯治下的直隶省专属军校。在当时的中国，好多省份都有这种归属于本省的军校，比如四川、浙江、甘肃，都自办有“陆军速成学堂”，培养出的军校生也基本上归各省“自产自销”。但到光绪三十二年（1906年），风雨飘摇的清王朝畏惧各省督抚等地方势力拥兵自重，下旨“全国各省所办之速成军事学堂一律停办”，同时并入“陆军部设立此堂，统筹全局，以应急需……使各省旗武学兵制操战各法，都归一律”。据此，在保定原有的那所“北洋陆军速成学堂”基址上，又建起了属于清王朝中央政权之陆军部的“通国陆军速成学堂”，地方虽然没挪动，但学校的归属和性质，却从一个直隶省属的军校变成了全国性（通国）的军官学校，向各省分派招生名额，学堂经费常年达20万两白银，一半由陆军部核拨，一半由生源各省根据入校生人数分摊。

正式的入学，要拖到1907年的下半年了。当时招收的条件是：年龄在18—20岁之间，相貌魁伟、体质强壮、文理通顺，特别强调要“有志于兵学”。学堂分为普通学和军事学两类。普通学的学科包括国文、经史、文法、地理、算学、医学、测绘、理化，甚至还有满、蒙古、英、德、法、俄、日文等等；而军事学包括步、马、炮、工、辎重等科。说起学员的待遇，那还是很优厚的，在校期间，学校包了一切衣食住行，举凡剃头、洗澡及其他生活用品和医药，完全由学堂免费提供。入学之初三个月，是不分科的普通军事训练，采用的是日本国振武学校的教育方法，这段时间，每个学生每月还有白银二两津贴；三个月后，有一次甄别考试，根据考试结果分为三等，每月津贴分别是二两四钱、二两八钱和三两二钱。别小看这份儿津贴，当时参战士兵的足额月饷才每月一两银子，据晚清经史学者李慈铭在日记中的记载，光绪年间京师物价腾贵，但每石大米也才二两五白银；两间住房的租金，每年也才二两。而“通国陆军速成学堂”的学生毕业时，只要通过了陆军部的考核，就会分配到军中见习，这时候的津贴就涨到了每月十两白银。待实习期满，由陆军部发给毕业执照和补官文凭，给学生以“候差员”的名义，享受着排级军官的半薪——每月十二两半白银，并“咨送各省”，至于此后的从军之路，当然就要看个人了，很多人就此起步，在军中踏开一片天地，据说到 1936 年前后，毕业生中升至旅长及以上军政要职的，竟多达 140 多人。

当时，“通国陆军速成学堂”分给陈立信家乡——浙江的录取名额，是 50 人。这一届浙江学生中，出了很多名人，有资料记载，“浙籍学生”有“永康吕公望（戴之）、东阳王桂林（悦山）、奉化蒋虞清（介石）、乐清项鹏、蒋希召（叔南）、永嘉姚琮、绍兴商震、台州临海王萼（醉青）、宁海童保暄、黄岩王植夫（杰夫）、陈立信（列新、烈性、立性）、林显扬（达生）、太平叶朋西及林子英、黄绿波、陈伯龄等”。

另一个资料称：该年招生时，“核准浙江全省只取六十名，但事先已被浙江武备学堂及各校的保送生占去了四十六个名额，仅余十四个名额供省内各地上千名考生竞争。”

还有的资料说：清政府 1905 年下令取消科举，读书人传统的“上进”之路被阻断，这就愈加显示考取军校的“含金量”，当时不少青年士子觉得考取这所“通国陆军速成学堂”，远比以前考中秀才要实惠得多。因为这是个军官补充基地，只要一毕业，马上就是见习军官，就能按月领军饷了。因此，一旦接到“录取”的消息，报事人还要像“秋闱”发榜“报禄”一样，会锣儿鼓儿，唢呐洋号，吹吹打打，把大红喜报贴上门来……

这些都是一时旧闻、百年轶事了，总之，陈芳允的父亲陈最，以“陈立信”的“字”，报考军校得中，至于“列新”“烈性”“立性”等，或许是陈立信用过的表字、别号吧？

笔者对陈芳允的父亲陈立信的军校生涯，就所知寥寥了。揣想那个王朝末世，时局内外交困，国计民生艰难，各种社会矛盾不断积累，专权者自己也病入膏肓，整个神州大地，地火正在运行，危机爆发在顷，当此大厦将倾之时，有为青年投身军旅、求学军校，或许是相当自然的一路选择。而这些青年才俊在广泛接触社会、接受新思想之后，成为社会变革的激进力量，也几乎成为必然。

一位叫胡士弘的浙江籍前辈作家，在书中写到这样一段轶事：报考军校前，陈芳允的父亲陈立信已开始外出“闯荡”，去过广州、杭州，接受了一些民主革命思想。进入军校，还参加了反清的组织。不久，他被人告发，校方找他来质询训诫。陈立信正当年少气盛之时，当场拔出军刀，照着告密者就是一刀，幸而是刀背向下，才没把人砍死。这故事有点“风火传奇”的味道，但还是让人想起了鲁迅先生对台州籍烈士柔石的评语——“台州式的硬气”，“而且颇有点迂”。

实际上，这所“通国陆军速成学堂”，只有短短 3 年的历史，到 1909 年结束时，前后只招过两期学员，最终培养了 1281 名毕业生，其中有不少人并未在军中服役，还有一部分人送日本学习军事，蒋虞清（介石）就是这样东渡日本、逐渐登上中国政治舞台的。日后成为“浙军”中将师长的浙江宁海籍军人童保暄在日记中记载：

> 清光绪卅四年（1908 戊申）元月十三日，晴
>
> 同林子英、叶朋西、陈伯龄、蒋叔南、黄绿波、王植夫、王醉青、林达生、陈新生等九人饯蒋虞清（志清）、项朋于庆珏饭庄……

那么这位“陈新生”，会不会就是同属浙江籍的军校生陈立信的另一个名字（或者出于童保暄的误记）？笔者就只能存疑了。但童保喧的另一则日记，确实让我们隐约看到了陈立信这位军校生的“身影”——童保暄写道：

> 戊申 1908 元月十二日　晴
>
> 下午同林达生、王醉青，陈列新在外踏景。

另据辛亥老人杨镇毅 1957 年致友人贺觉非信中的点滴回忆：

> 丁未（1907）下半年，吕公望、王醉卿、陈立信等考取……入学时亦经过检查体格等手续，一年半回来……

所谓“一年半”后，已是清宣统元年（1909 年）。一年半前的严格体检，一年半来的严酷军事训练，养成了黄岩青

年陈立信标准军人的体态和气质，他此后在军中服役，到陈芳允出生的 1916 年，据说已一路升至营长。但在他的天性中，掩不住那股子读书士子洁身自好的清高和不逐流俗的倔强。清末民初，政局闹成一架走马灯，“乱哄哄你方唱罢我登场”，“眼见他起高楼，眼见他宴宾客，眼见他楼塌了”，陈立信自觉在尔虞我诈的混沌官场置身不宜，对“城头变幻大王旗”的军阀混战也早生厌恶，索性解甲归田，回到故乡黄岩，购几亩橘园，开一间酱坊，杯酒自娱，课子读书，远离尘嚣，沉浮商场，一个纵横沙场的职业军人，转眼间青衫布履，成了一个生意人。

陈芳允的母亲姓许，陈许两家的这段姻缘还要从陈立信的军旅生涯中说起。先是，陈立信在民国后的军中服役，他结识了一位性情见解相近、心路意气相投的许姓同僚。这位许先生也是浙江人，家在黄岩路桥，和陈立信算是相隔不远的同乡。许先生父母在堂，业已娶妻，家中还有个小妹待字闺中。青年军官陈立信尚未婚配，去许家走动频繁，大家彼此熟悉，即有联姻之议。没过多久，陈立信迎娶了许家姑娘为妻。那个年代，有了婚姻，人就算有了“根”，过往的江海风涛也好，烈马弯刀也罢，都成旧事随云去，陈立信急流勇退，经商养家，一年后，妻子生下个小小的男孩儿阿玉——陈芳允。

陈立信是家中长子，他二弟分住一处；父亲和三弟全家聚族而居于后巷，论起来，阿玉——陈芳允算是陈家的“长门长孙”。父亲陈立信常年在外经营，并不能时时照顾家人。

偏偏母亲体弱多病，生了陈芳允后，过两年又生下妹妹芳兰。对于这个小小的“囡儿头”（黄岩方言：女婴），陈芳允日后在自撰的《年谱》上还特意写了这样一笔：“同母妹一人（芳兰），好像洋人，发黄，眼珠浅色，皮肤白。”

但此时母亲已是百病缠身，在陈芳允6岁的时候，竟至香消玉殒、撒手人寰。

陈芳允的外祖父是个安分、勤勉的老人，做得一手好裁缝手艺，在五洞桥一带开了一片裁缝铺子。外祖父戴着老花镜，量尺计寸、刀剪针线，到六十多岁还在操劳，陈芳允自小衣着虽朴素，但十分整洁合体，这自然得益于做裁缝的外祖父了。这些童年印象，一直“活”在陈芳允的心中，一直影响着他，陈芳允也有一双细长、灵巧的手，他后来入清华物理系、在实验室搞起实验得心应手。他会给自己理发，会作木工，直到晚年，他还能给孙女儿修自行车。接触过他的人都说：陈先生给学物理的晚辈们树立了榜样——动手能力特别强。

在长辈们眼里，长孙阿玉聪慧机灵，乖顺听话，性子不急，做起事来“板板六十四”（黄岩方言：做事靠谱），不像别人家的“小猢狲”，很少“宁丘皮”（黄岩方言：顽皮），但身子长得也不太“板扎”（黄岩方言：壮实），那么小的孩子就没了娘，性情上有点少年老成的沉静和多思，自然成了长辈们的“心头好”。

一年以后，父亲再婚，迎娶继母王佩蓁过门。王家官宦出身，据台州市档案局编辑出版的《功勋院士陈芳允》一书记载，新夫人“其父王詠霓，曾任安徽太平知府”。

王詠霓？！这可是台州近代史上不得了的人物！

光绪六年，王詠霓登庚辰科进士第，授刑部主事，是晚清名臣翁同龢的门人、张之洞的幕宾，曾派驻法、德、意、荷、奥、比等国，为公使随员。有资料表明，王詠霓驻外期间，参与过北洋水师向德国购买铁甲舰，协助驻外公使许景澄编辑过《外国师船图表》；后相继署理安徽凤阳府知府、太平州知府、池州知府，筹建过池州府中学堂，出任过安徽大学堂总教习，当过高等学堂、法政学堂编纂，并曾在皖政辑要局、存古学堂任提调，是近代外交家、教育家。王詠霓工诗属文，善书法，兼善篆刻。游历西洋期间，留心该国政治制度及风俗习惯，以诗纪事，集为《道西斋日记》，故有“台州开眼看世界第一人”之称。

王詠霓是1916年故去的，那年陈芳允才刚刚出生。而继母王佩蓁从兆桥“紫正第”嫁到后巷陈家，已是六七年后的事了。故笔者在陈芳允的诸多回忆、谈话中，似乎未见提到过王詠霓这位“亲戚长辈”。

继母王佩蓁过门后的第二年，陈家又添了个“囡儿头”——同父异母的二妹妹芳莲。她长得同样是“像个洋人”，所以陈芳允在《年谱》中写道：“人说我家有洋人混血，但无考证”。

这一年陈芳允将将8岁，面对两个玉雪可爱的洋娃娃妹妹，他俨然已成了个“大哥哥”。

黄岩话属于“吴方言”，称外祖父外祖母为“外公”“外婆”。为了给阿玉更多的关爱，外公外婆把这个聪慧早熟的外孙儿接到了身边。白天，阿玉在外婆房里读书习字，晚上和外公睡同一张床。黄岩地方多童谣，外婆总是一边劳作，一边用方言唱给阿玉：

点点斑斑，班过南山。
南山北斗，娘鱼开口。
四十弓箭，羊毛被线。
当家人，七十七，黄狗脚蹄斫一只。

还有什么：

七颗星，稻桶星，
念七遍，有聪明……

最让阿玉难忘的，是那首长长的、好像永远唱不完的《燕呀燕》：

燕呀燕，飞过天，天门关，飞上山；
山头平，好种栗，栗出角，好种栗；
栗头摇，摇过桥，
桥上打花鼓，桥下娶新妇，
娶个癞头新妇搭麦鼓。

麦鼓碎，喂表妹，
表妹几时嫁？天亮后日嫁。
嫁给谁？嫁邻舍。
邻舍穷，嫁相公。
相公大介介，嫁田蟹，
田蟹八只脚，嫁喜鹊，
喜鹊高高飞，嫁给老雄鸟，
老雄鸟，勿打更，嫁小生，嫁给老皇帝。
老皇帝勿管天下，嫁白马，
白马无辫，嫁给黄蒲鳝，
黄蒲鳝勿打洞，嫁给烂眼凤，
烂眼凤，双眼烂糟糟，嫁给老黄猫。
猫勿捉老鼠，嫁给石潭乌龟子。
三榔头，敲勿死，黄鸭做媒人，
老鸦叼柴狗烧火，水鸭吹箫鳖打鼓，
猫猫做厨官，老鼠捧铜盘，
捧到半路嘀嘀嗒嗒吃只完……

无论是跟着外公下乡收租米的途中，还是夜晚躺在老旧的架子床上，外公的故事总讲不完，什么石陀人啦、蔡缸爿啦、胡僧人啦、龙舌石啦、八仙造洋屿、神仙赶石头啦……悠悠长夜，陈芳允几乎都是听着外公的故事入睡的。

5 岁那年,家里请来了教私塾的老先生,给陈芳允“开蒙”,

《三字经》《百家姓》《千字文》，“二十四孝”“子曰学而时习之”……似懂非懂，识字倒快，陈芳允不是那种黄岩话“抢三块”的急性子，但比其他孩子学得认真，耐得住枯燥，“七岁人讲八岁话”（黄岩方言：少小成熟），沉静得有点像个小大人儿。

1925 年，陈芳允 9 岁了，陈芳允的父亲陈立信拉着他的手去了东禅巷，敲开了前清秀才朱希晦先生家油漆剥落的窄木门，从此，陈芳允住进朱先生家，拜其为师，读《古文观止》。一晃三年，陈芳允 12 岁了，没有上过小学的陈芳允直接投考黄岩县立中学，开始了少年求学的生活。

黄岩县立中学，可是间历史悠久的“当时名校”，前身是清乾隆五十四年（1789 年）春由黄岩县令路邵创办的“萃华书院”，曾培育出光绪乙未科（1895 年）的榜眼喻长霖，以及王棻、王舟瑶等国学大家。清同治六年（1867 年），书院经过废而重修，更名为“清献书院”，“清献”是南宋黄岩籍右丞相杜范的谥号。清光绪二十六年（1900 年），举人王舟瑶改“清献书院”为“清献中学堂”，推举邑人江青（宁数峰）为监督，主持校政。民国十二年（1923 年），学校改名为“黄岩县立中学校”，这一回的校长，正是在中国科举制度最末一期高中了举人的王念劬先生。

“末代举人”王念劬先生，字松渠，黄岩本地人，中举后的第二年——1904 年，王先生考入京师大学堂，毕业后一度出任湖州师范学校校长，任内赴日考察教育，后任教于杭州政法学校。此后回乡，成为黄岩县立中学的校长。他是民国时期名满天下的书画大家，日后还曾出任杭州西湖博物馆馆长，与经亨颐、张宗祥、黄宾虹、余绍宋等书家大儒相往还，自称“一事足自豪，三载居西湖”。王念劬有个儿子叫王克宬，与陈芳允还是黄岩县立中学的同学，他们之间的通信往来一直延续到陈芳允去世前半年的1999年11月21日。据王克宬回忆，当时他父亲的家里“壁上悬大小毛笔成行，大者状如竹笋”，“平生所书屏条、对联、匾额，不计其数”。也许这对少年的陈芳允还是有影响的，他一生留下的遗稿不少，笔迹清润娟秀，一丝不苟，有时下笔数千字，从开头到结尾，字迹不乱。

中学不同于私塾，由王念劬先生这样熔铸中西的大学者治校的黄岩县立中学，更显与众不同。这里也讲授文章，但叫“国文”或“国语”,里面的内容远比“大学之道,在明明德”更丰富、生动、有意思；学校还开设英语课和数学课，更是让陈芳允从“旧学”一下子“蹦”到了“新学”中，昔日“危乎高哉”的“齐家治国平天下”，换成了“德先生与赛先生”；过往的“子曰诗云”换成了“勾股弦”和ABC……一切新学问，都向陈芳允敞开，都吸引着他。陈芳允的性格沉稳却不木讷，他不是一个兴趣单一的人，他热爱自然科学，也爱社会科学，爱数学里严谨的逻辑，也爱文章里激昂的文字。人长大了，个子长高了，世界也就变得宽广了，黄岩县立中学之外，还有县立图书馆藏书三万，九峰书院藏书又三万，还有方国珍纵横海隅、方孝孺死不屈节的故址……在陈芳允的自制《年谱》

里留下了这样有趣的一笔：

> 1928 秋，上黄岩县立中学（旧名清献学堂）初中，功课不好不坏，大概国语（当时语文叫国语或国文）、英语、数学等比较好，其他平平。学校里算我是较好的学生，但后来我自己考虑，应该只不过是中等或中下。

1998 年，陈芳允在暮年草成的《自述》一诗中，抚今忆昔，不胜感慨地记录自己的少年岁月：

少年即问乡土事，
如何中秋佳节十六过？
原是庆祝军民共灭倭。
长大经历抗日战，
深思何去何从救中国……

“救中国”三个字，也许还不曾出现在陈芳允的“黄岩岁月”中。

但很快，他就将告别故乡，前往上海读高中。

同样很快，“救中国”这几个字，就会赫然横亘在这位少年学子的辽阔天宇上。

陈芳允 1931 年自黄岩县立中学毕业，同年秋天，考入上海市浦东中学（高中部），就读高中。

正是这1931年的秋天——陈芳允跨入高中仅仅几天，震惊中外的九一八事变在沈阳爆发，中国长达十四年的艰苦抗战，就此开始。

历史的洪流、时代的波涛，即将改变这个15岁弱冠少年的生命轨迹。

笔者撰写这部《陈芳允：对话星河》时，先生已经故去23年了。作为一位“两弹一星元勋”，先生生前就已经有人为他立传，有的立传人与先生还有过深度的接触和交往，这对笔者来说，当然是“心向往之而不可及”的了。但陈芳允先生是一位做事格外严谨的人，在科学研究上是如此，在对待自己个人的历史上同样如此。笔者反复细读他几千字的长篇自撰年谱，和他临终前半年写给昔日少年同学黄岩中学校长王念劬之子王克宬先生长达六页纸的书信，深感他的一丝不苟、诚朴质直。他清晰地对老同学王克宬表示：有些写他的文章，“经过文学家的加工之后，许多事实变得不像是事实了”。他解释自己之所以扶病在床、在“手脚还有发僵的感觉”中，一字一句地写下了这封3200多字的长信，就是为了“把前面的事实和我的一些看法寄给你，若能把那些吹牛的部分去了，用我原文登在校刊上，则对青年可能起一些鼓励的作用”。他还托人随信寄去2000元钱，以表心意。

陈先生说的“校刊”，就是黄岩中学的校报——《清献园》，2000年1月，陈芳允先生一生中的这最后一封长信，以《漫

漫人生路　拳拳报国心》为题全文登载在《清献园》中。猜想在他2000年4月溘然长逝前，应该读到过这份校报了。

老人家的最终心愿或许终于达成了，人生交割清楚，坦坦荡荡而行，明明朗朗而去，这种无愧怍、无遗憾、无牵挂、无遮掩的离去，世间又有几人能慨然做到呢？

老人家留下的长信和《年谱》，也给笔者的写作过程平添了一道“禁咒”，仿佛任何一笔“浮泛之论”“虚谬之词”，都会让笔者羞于仰头天外，赧颜去和那颗远远注视着我的“陈芳允星”对上一句话。

关于从黄岩中学通过考试进入上海读高中的经历，还是看看陈芳允先生自己的记录吧——

1931年，在上海和一些同乡同学一起考上浦东中学高中。那时918事变，日本侵占我国东三省。上海市学生运动，反日游行，上南京请愿，被蒋介石派兵押上火车回上海。我虽然是跟着跑，但心中还是有觉悟的。但不知道走什么路才能救中国。1934年快毕业时，因怕罢课毕不了业，和一些同学表示不赞成罢课，几乎被打。这三年读书很少，英语、代数好一些，因为毕业时也没有正式考试，无所为[谓]成绩。浦东中学是杨斯盛毁家兴学办起来的，此后有时想起来，觉得很对不起他。在浦东中学时，有一阵子感冒咳嗽很厉害，数月不好，后经父亲认识的医生叫喝一种英国出的药水“须罗灵”，很快就好。我现在有肺气肿，可能是那时便种下了根。

陈芳允先生确实是因“运动神经元病中枢性呼吸衰竭”去世的，是否和青年时代的病根有关，不得而知。那记忆深刻的“须罗灵”是什么“神药”，也查不到踪迹。尽管陈芳允对自己参加“上海学生运动，反日游行，上南京请愿，被蒋介石派兵押上火车回上海”，并没有更多描述，但1931年9月的上海，1931年9月的中国，1931年9月的中国爱国青年，却成为中国近现代历史上无法忽略的一笔。

九一八事变的消息很快震惊了上海滩，黄浦江惊潮陡起，社会各界的抗日怒涛澎湃激荡，9月20日，上海《申报》即紧急刊发“上海各界反日援侨委员会”的《宣言》，大声疾呼：“正我国民族生死关头，我国民众当激发伟大民气，合群策群力同御外侮，末日已临，其各奋起”。两天后，该会更名为“抗日救国委员会”，随后，上海各团体代表纷纷发布《抗日救国会宣言》，要求国民党政府下达“陆海空军总动员令，驱逐日军出境，恢复失地”，征集“抗日救国团”义勇团员，“彻底对日经济绝交”。26日上午，800多个团体约5万人在上海公共体育场举行声势浩大的抗日救国市民大会，要求国民党当局限令日军退兵，否则断交宣战。在场群众振臂高呼，万声雷动，会后还举行了示威游行。

在这场声势浩大的爱国救亡运动中，青年学生起到了先锋作用。全国各地学生除了发表抗日救国的宣言通电外，还纷纷派代表到南京向国民政府请愿。

——河南开封，8000 学生赴省府请愿抗日……

——广东广州，学生及各界举行反日示威，当局令军警开枪射击检查日货的学生，死十余人……

——北京，在校大学生不顾北平市长周大文、公安局局长鲍毓麟、教育局局长周学昌、宪兵副司令邵文凯的劝阻，于 10 月 5 日在南京举行示威游行，当局派出 1000 多人包围示威学生，十余名学生被殴伤，180 余人被逮捕……

——南京，中央大学学生组织义勇军，发出决死抗战的怒吼……

——杭州，抗日救国大会在大雨中进行，10 万人在雨中挺立达数小时，悲壮激昂的口号声此起彼伏……

——上海，学界迅速行动起来，纷纷到南京请愿施压。9 月 26 日，上海各大学学生 56 人代表 26 所高校来到南京，递交“对日宣战”“惩办外交部长”“令张学良戴罪立功”“下发枪械”“实行革命外交”等 5 条请愿，学生代表虽然在国府大礼堂见到了蒋介石，但当局对学生提出的要求始终虚与委蛇。上海请愿学生不甘就此罢休，9 月 28 日上午，秋风急骤，秋雨淋漓，上海请愿学生联合数百名中央大学学生到中央党部请愿。由复旦大学千余名学生和中央大学、金陵大学学生汇成 5000 人的游行队伍，迫使蒋介石出见表态，他对上海学生请愿团学生说：“你们不要受反动分子的煽动，而特意来和政府为难。”有学生当即发言：“我却是受我的情感——救国的情感煽动的，那么这救国的情感当不是反动分子了吧？”复旦大学的学生也抗辩道：“这种赤诚坦白的思想，是不容有任何党派的色彩掺杂。”最终，蒋介石一面答应“一定尽职用力量去办理”，一面还是规劝学生“用心读书，增加知识，亦所以增加抗敌之力”。这一搪塞之词引起广大学生的愤怒，当晚，上海 19 所大学的 3000 余名学生组成第二次赴南京请愿团连夜出发，翌晨抵达南京。蒋介石在中央军校大礼堂接见学联代表，表示接受请愿要求，随后责令学生即日回校，或留京编入义勇军受训。11 月 26 日，上海大中学生抗日救国会组织赴京督促政府出兵团 5000 人抵京，在国府门前顶风冒雪请愿，彻夜不散。第二天下午 2 时，蒋介石终于出面允诺绝对负起责任，并写下“对于诸生请愿，自可接受”等内容的手谕。12 月 14 日，上海大学生抗日救国会第三次组织学生 6000 余人，高举“上海各大学学生示威团”的旗号前往南京。17 日，上海与京、平、济、皖、苏等各省市学生万余人在南京发动联合总示威游行，冲击了中央党部，捣毁了中央日报社。结果，招致武装军警的残酷镇压，上海文生氏英文专科学校学生杨桐恒不幸坠河致死；爱国学生翌日被军警强行押送离京，史称“珍珠桥惨案”。

南京政府的暴行，立刻激起社会公愤，抗议之声，此起彼伏。

——鲁迅先生发表《“友邦惊诧”论》，公开抨击政府镇压学生后所作混淆视听的舆论宣传。他犀利地指出：“只要略有知觉的人就都知道：这回学生的请愿，是因为日本占据了辽吉，南京政府束手无策，单会去哀求国联，而国联却正和日本是一伙。读书呀，读书呀，不错，学生是应该读书的，但一面也要大人老爷们不至于葬送土地，这才能够安心读书！”

——马相伯先生也沉痛发言：“我国今日尚在勇于私斗，而怯于公愤之状态中耳！”

——宋庆龄先生愤怒地指出，当政府暴行上演之时，日本军队“正向锦州推进”；因为堕落，“国民党已不再是一个政治力量”。

——9月21日、11月29日，上海教育界成立上海教育界救国联合会、上海各大学教授抗日救国会，把上海的校长、教授等知名人士联合在一起，推动和声援学生的爱国救亡运动。

…………

时年15岁的陈芳允，是在父亲陈立信的带挈下，渡海来到800里开外的大上海的。在这位15岁的“黄岩少年”眼中，风云激荡的上海有着怎样的“第一印象”？

20世纪30年代初的黄岩，虽还葆有“民静而安，俗朴而俭”的乡俗，但海路通衢畅达，走海门港、金清港，可乘定期班船海轮，直达上海，故黄岩深得沪风熏染，已有“小上海”之誉。父亲陈立信经营商铺橘园、办实业，在上海与人合伙开设了股份公司。作为股东，陈立信自然要往来招呼生意，处理事务。当时黄岩县立中学还没有开设高中部，把儿子从“小上海”带到“大上海”去读书历练，早就在陈立信的计划之中了。

眼前的“大上海”毕竟不同于故乡黄岩那“小上海”，新奇的洋人汽车、炫目的长街霓虹、陌生的租界地、古怪的红头阿三……对一个15岁的“小上海少年”来说，“大上海”完全是一个光怪陆离、应接不暇的异乡。

然而这一切，也仅仅是在他眼前一闪而过。旧上海的菁华荟萃在浦西，旧上海有名的大学复旦、震旦、同济、沪江、暨南、光华、交大、大同、大夏乃至美专……都在浦西。而陈芳允即将踏进的浦东中学，却位于浦东一个叫六里桥的地方，那时候，浦东还是“乡下”，不要说什么都市繁华，老浦东人说话的“乡下头腔调”和浦西都不一样。老浦东民间有句俗语：“六里一座桥，十丈一座庙”，六里桥何以叫“六里”？据说这里距浦西南市老城厢大南门，足有6里之遥；还有的说法是六里桥镇距离老上海县西门、外冈、方泰等地都是六里远。拿出老上海地图比量距离，北行一公里远是白莲泾桥，在白莲泾码头过了黄浦江，对岸才是浦西人嘴里“好白相”的高昌庙、半淞园和机器轰鸣的江南制造总局。

一条黄浦江，隔绝着跑马场的灯红酒绿、百乐门的衣香鬓影，六里桥一带的老百姓，多是做工的匠人、跑船的水手、盖房子的泥瓦匠。说到泥瓦匠，还真的出了一位名动上海滩的“泥瓦匠”，他就是陈芳允就读的浦东中学创建者——杨斯盛先生。

杨斯盛（1851—1908），字锦春，小名阿毛，上海川沙八团乡青墩杨家宅人。父母早逝，家境贫寒，十三岁到上海学做泥水匠手艺，因为要给海关一带的洋人修建房子，杨斯盛渐渐掌握了一些西方近代建筑技术，而且他还能操英语，这在当时的沪上建筑行可是“稀缺人才”，由此，杨斯盛结识了一些欧美人，与英商公平洋行大班阿摩尔思关系密切，为英国人建造了缫丝厂，他本人也逐渐积累资本，并于 1880 年创设了上海近代建筑史上赫赫有名的建筑公司——杨瑞泰营造厂。1891 年前，英租界当局的旧海关署，还是个中国官衙式的砖木结构老屋，歇山举架、翘角飞檐，但破败不堪，形同废庙。1891 年决定翻建，英公和洋行拿出了设计图纸，计划建造一幢三层建筑，顶部建有高大的钟楼，内部装有“热水汀”，以设计图纸论，这已是当时上海滩规模最大、式样最新的西式房屋。有资料表明：“招商投标消息公布后，同行皆不敢应，独杨（斯盛）一人应标，精心构筑，于 1893 年落成，轰动沪上”，“工程巍峨巩固，大为西人赞赏”。

成为“沪上达人”的杨斯盛先生，每每回忆自己年幼失学的坎坷经历，在教育救国思想的影响下，决意“毁家兴学”，先后创建了广明小学、广明师范讲习所；然后又几乎倾尽全部家产，捐资二十余万两银子，在浦东六里桥购地 64 亩，起建校舍，于 1907 年建成“私立浦东中学”，时人的评价是“情事与武训略同，而捐款且逾十倍，成绩更远过之”。这评价，杨斯盛先生当之无愧，他请来做“校董”的，皆当时名流俊彦，黄炎培为首任校长，陈独秀、沈雁冰、蔡元培、郭沫若常来讲学。

“北南开，南浦东”，浦东学校培养出大批人才，笔者核对查考出的名人就包括潘旭伦（1905—1908在校）、范文澜（1912—1913在校）、钱昌照（？—1915在校）、王艮仲（1919—1924在校）、胡也频（1920—1921在校）、施士元（1920—1925在校）、罗尔纲（1924—1926在校）、蒋经国（1924—1925在校）、殷夫（1926—1927在校）、叶君健（1928—1931在校）、马识途（1933—1936在校）等就读于此，而且除了陈芳允，另一位“两弹一星”元勋——王淦昌（1921—1924在校），也是浦东中学的学生。

在1931年的九一八事变后，整个中国、整个上海，都处在“抗日救亡”的声浪之中，上海青年爱国救亡运动的“台风中心”集中在浦西的高等学校，浦东中学虽与浦西隔江相望，也深受时潮的引领激荡。1931年9月，浦东中学宣告成立“抗日救国会”，发布《告同胞书》。10月，数百名学生还参加了上海学生赴南京的请愿团。

从黄岩“小地方”来的15岁高一新生陈芳允，怯生生跟随学长们的脚步，走上街头，宣传抵制日货；还参加了去南京的请愿活动。走在学生的队伍中，一向爱思考的陈芳允感到了从未有过的震撼，个人的前途和国家的命运从未有过地紧密联系在一起，时代的召唤和未来道路的抉择成为他进入高中后的第一道“考题”。

“救中国”？怎样才能“救中国”？

拿出什么力量“救中国”？

这个严峻的问题自此开始伴随他的成长。

当时的浦东中学，以治校严格著称。举个例子：1924 年，已经成为一颗“冉冉升起的政治明星”的蒋介石，把长子蒋经国送到浦东中学读书。1925 年夏，15 岁的蒋经国参加了抗议“五卅惨案”的游行示威，其间“行动激进”，即遭学校开除。

杨斯盛先生为他亲手创建的浦东中学制定的校训，只有两个字——“勤朴”。

什么才是“勤朴”？

有资料记载了杨斯盛先生的解释，他说：第一是“勤”，学生是中国的主人翁，担当中国未来的一切事业，要有精神和体魄上的担当，全看我们能不能“勤”，不勤就永远没有希望。第二是“朴”，繁华奢侈，是“朴”的反面，凡是贪享受，爱繁华的人，永远没有希望。人心不能两用，自古成就事业者，不管做学问，还是从事实业的，无不专心致志。

扎扎实实地读书、认认真真地做事、诚诚朴朴地做人，这和父亲“不要做大官，要做大事”的期望是一脉相通的，在这国家的危急存亡之秋，在这个人成长道路的抉择之际，也许“读书——做事——救国”，已隐隐然成为少年陈芳允人生追求的底色。

然而，浦江两岸的战火，将对他的人生予以无情的、深度的塑造。陈芳允在浦东中学度过了动荡不定的第一个学期，寒假期间，他回了一次黄岩老家，待他再度返回学校的时候，“一·二八淞沪抗战”的战火硝烟，再次改变了他眼中的上海、眼前的世界。

很多年后，陈芳允对一位有幸采访到他的作家说道：

> 一个人从小立志很重要。我这一生能为国家做点事，就是从中学时代起，对国事的逐渐了解。那时日本人侵略野心不断扩张，侵略魔爪从东北伸向华北地区，甚至伸向了上海和长江流域，全国人民包括我们这些青少年学生，都义愤填膺，都自觉地把自己的命运与国家和民族的前途联系在一起。那时候我就下决心要为国家和民族的振兴，不受外辱而好好读书，以期将来为国家和民族做奉献。这个决心以后就没有变过。

1931年9月到1934年7月，陈芳允在浦东中学完成了高中三年的学业。

今日中国的高中生，无法想象九十多年前的同龄人会经历怎样的国家危亡与时局动荡：

——1931年，9月，九一八事变爆发；

——1932年，1月，日军在青岛登陆入侵；

——1932年，1月，日军开始大举进攻上海，“一·二八”事变爆发；

——1932年，3月，在日本帝国主义的扶持、卵翼之下，伪满洲国成立；

——1933 年，1 月，日军侵占山海关；

——1933 年，2 月，日军分三路进犯长城北部及东部整个地区；

——1933 年，3 月，日军进占承德，热河陷落；中国军队展开喜峰口抗战；

——1933 年，5 月，中国南京政府与日本关东军代表签订丧权辱国的《塘沽协定》；

——1933 年，11 月，第十九路军爱国将领发动反蒋抗日的“福建事变”……

1934 年，临近高中毕业的陈芳允与父亲有过一次对话，父亲的身姿神情，依旧保有一抹不易察觉的军人风范，但岁月的纹理已明显爬上了眼角；而儿子，已不再是那个牵着他的衣角初到上海的少年，他个子长高了，虽然得过一次很严重的百日咳，但到底年轻恢复得快，加之平时抽空还练练拳脚，人也健壮了些，俨然已是个知识青年了。

父亲问：“马上就要高中毕业了，你将来准备做什么？有什么打算？”

儿子沉吟片刻，答：“父亲，我还是想继续读书。”

父亲：“读书？这很好，你想读什么科呢？”

儿子：“这我还没有完全想好，文理各科我都有兴趣，但是，国家兴亡，匹夫有责，我们的国家现在要强大，也许更急需的是科学人才……”

父亲：“嗯，能这么想是对的！那么，你心仪的是哪所学校？”

儿子：“我原想报考航空学校，但是体检的时候，说我有色盲，只好放弃。在上海三年，对这里比较熟悉了，我想报考交通大学。”

父亲点点头：“我还是那句话——不要去当官，将来为国家做点实事吧。”

此时的陈芳允，已经能够理解父亲心中对腐败官场决然的疏离与深深的厌恶。他过后很多年回忆说：“我父亲平时说话不多，对我说话更少。但是他的这句话，却使我终生难忘，也许，还影响了我一辈子。”

陈芳允就这样告别了自己的少年时代。

他报考了位于上海徐家汇的交通大学，但是阴差阳错，他最终却成了清华大学的学生。

古都北京——当时已改叫“北平”——正等待着这一个从黄岩经上海前来求学的青衫学子。

陈芳允难忘的“清华岁月”，将在这个风急雨骤之秋开始。

另外一个巧合是：这年8月，南京紫金山麓，中国人自己建立的第一个现代天文学研究机构，被誉为“中国现代天文学的摇篮”的紫金山天文台建成。转过年的5月，紫金山天文台首次发现一颗小行星，国际行星中心按紫金山天文台的意愿，将这颗行星正式命名为“中国星”。

陈芳允当然不会因此想到自己的终身事业，会和遥远的星际太空发生联系。

他也不会想到很多年后，有一颗行星会以自己的名字命名，会和那颗“中国星”嵌入同一片深碧无极的天宇。

他的生活与奋斗，才刚刚开始呢。

第二章

从古都到雾都

真正从事科学研究的人常说一句话："科研无传奇"。

而有些颇具"传奇色彩"的科研"故事"，其实背后满满的必然与偶然。

这境况，有时又像最高明的小说家笔下的故事，草蛇灰线，伏脉千里，令闻者惊，令知者叹……

1934年，陈芳允从上海浦东中学考入位于北平的清华大学，照片上的他一袭长衫，还是那么朴素、干净，满头浓密黑发，长方脸儿，前额宽阔，厚嘴唇儿，脸腮圆圆鼓鼓，一双眼睛明澈而且沉静，他话不多，带点儿浙东乡音，语速缓缓的，不疾不徐……

再怎么少年老成，"陈同学"此时此刻毕竟还是个18岁的"大一新生"，到他成为享誉科技界的一代科学大家，中间还有几十年的曲折漫长、波澜跌宕，这中间，还有多少不为后人所知的传奇故事呢？

也许，我们该把时间拨快一点，一下子拨到1970年——那个中国第一颗人造地球卫星“东方红一号”发射前的瞬间。

哦，这个“传奇”的瞬间，还是由它的亲历者和见证人自己来讲述吧。

这位亲历者和见证人，就是某卫星测控中心的高级工程师李瑞，他为此写下了一篇文章，题目是《“东方红一号”上天的功勋者陈芳允》。

他写道：

1970年7月23日傍晚，我国第一颗人造地球卫星“东方红一号”再过24小时就要升空了，就在这关键时刻，我所在的某站“单频多普勒测速仪”（简称“单频”）出现故障。全分队的干部、战士紧张地查找故障；时间一分一秒地过去，已是深夜两点钟了，故障原因还没有查出。

就在大家一筹莫展的时候，机房门口走进一位中年人，中等身材，略有驼背，穿一身褪了色的中山装，密发中露出几根银丝。

中年人就是陈芳允，他一跨进门就微笑着问：“故障查清楚没有？”

我们出自对陈老的尊重，都不由自主地站了起来。这时有位战士已经给陈老搬过椅子，请他坐在设备前面。

他认真地观察设备的每个表头指示，然后回过头来问大家排除故障的过程，现在还有什么考虑？我们向他汇报了所有各分机的指标测试均正确，但整机工作时，在不开信标机时，接收机锁相环的监视示波器已有很强的信号。我们怀疑外界有很强的同频干扰源；可若是有干扰源，它又与方向无关，不论天线如何移动，信号强度仍不变——我们怀疑是卫星发射场星上的信标机已经工作，对我们产生了信号“堵塞”。

陈老听完这些汇报后，没有马上表态，他沉思了一会，笑眯眯地对我们说：“既然各分机工作是正常的，就用不着再检查了”。接着，他就我们的疑点有条不紊地谈出自己的看法，他说：“‘东方红一号’卫星上的单频信标机的功率是很小的，卫星发射场距这里直线距离在1000公里以上，即使能收到信号，也是很弱的，不可能很强。另外，‘单频’是工作在超短波频段，电波是以直线方式传播的，由于地球是椭圆形的，在卫星升空到一定高度前，卫星发射场与这里不可能构成电波的直线传播途径，所以，我认为与卫星上信标机开机并无关系。”

稍作停顿，陈老轻轻地问了一句：“天线检查了没有？”

这时不知谁冒出一句：“天线是一堆铁疙瘩，还能出问题？”

没等陈老有什么反应，我突然意识到什么似的，马上领着两名操作手（战士），拿上手电筒直奔机房楼顶上的天线塔。

经过认真检查，终于发现了问题：天线至高频放大器馈线的屏蔽层铜线全部锈坏。

我们马上焊接。当电缆头重新接到高频放大器时，机房里传来“正常啦！正常啦！”

我们悬着的心终于落了地。这时我才发现陈老也站在这高高的天线塔上，他那平静的脸上也掩盖不住内心的喜悦。

“一唱雄鸡天下白”，这时已是早晨6点多钟，金色的阳光从云缝中挤了出来，好像在为我们祝贺。再过12小时，中华民族有史以来第一位“光明天使”（“东方红一号”，在夜晚是肉眼可见的卫星）将从我们所在的大山上空掠过。这个“铁疙瘩”（“单频”天线）将敞开它的胸怀，欢迎这千里之外的来宾……

……“单频”在执行“东方红一号”任务中是立了头功的，这其中与陈老的贡献是分不开的。事后，我十分敬佩这位知识渊博、为人谦逊的陈芳允老先生。任务结束后，陈老先生要回去了，我去招待所送他。当快到招待所时，雨夜中，我看见他提着箱子向车库方向走去。我赶紧跑上前去接过他手中的提箱，哎呀！这箱子好沉呀！

陈老先生似乎觉察出我的想法，微笑着说了一句：“都是书，不是金条。”

……汽车缓缓地启动了，他向我们送行的人招手致意，汽车就这样消失在茫茫的雨夜之中。

认识陈芳允的人中，提到这位“老先生”，大都会和李高工一样感慨系之。

有人特别说道：“陈老先生不愧是老清华培养出来的，不但学问渊深如海，而且综合分析能力超乎常人，尤其是能关注到每一个具体的技术细节，这对一个科研工作者来说，真是太难得了。”

还有人说：“人家陈老先生不仅是老清华出身，更重要的是人家还是清华物理系‘黄金十年’中‘特产’的精英，那时候的清华物理系，讲究的就是‘理论与实验并重’，走的就是‘实验物理学’的治学之路。陈先生他们那一代人，从学生时代就开始修炼，常年‘浸泡’在实验室里，动手能力特别强，好多科研难题到了陈先生手里，会迅速聚焦成一个具体的‘点’，人家就是有这能耐，一把抓住科研问题的‘寸关尺’，一上手，矛盾迎刃而解！”

清华——那个用100本书也写不完的清华……

清华物理系——那个从一诞生就注定担负起国之重任，又饱经忧患坎坷的物理系……

清华物理系的“黄金十年”——那个成批出产“大师”、令后世高山仰止、无法企及的时代……

其实陈芳允最初考入的，并不是清华物理系，而是机械系。

“陈同学”在古都北平的青春岁月是怎样展开的？

在笔者苦苦追寻答案的过程中，突然看到晚年陈芳允在一个发黄的旧信封上写下的这样一段话：

《偶度人生》

人生，偶然出世

一生也充满了偶然

但影响一生的也不纯属偶然

这信封太小了，陈芳允的思绪似乎就此戛然而止。

这信封太大了，它装着陈芳允生命中的那些鲜为人知的偶然和必然。

笔者还是逐字逐句录下陈芳允本人对自己考中清华大学的过程的记述吧，他用清晰纤细的钢笔字，写出了1934年的“七月往事”——

1934［年］夏天考大学，先考上海交通大学，后考清华大学。交大的题目多而烦，清华的题目少而需要思考。我因为准备不足，交大没有考取；但清华有几个题目给我想对了，勉强录取，进了机械系。

报考大学的过程其实无须过多渲染，它既是这样简单，又充满曲折，甚至展现出强烈的“戏剧性”。

唯一需要说明的，是那个时候没有所谓的“全国统考”，而是各校“自主招生”。这项制度的最大优点，是给了那些特殊人才以奇迹般的机会。1929 年，19 岁的钱钟书先生报考清华大学，数学只考了 15 分，但国文成绩极高、英语满分，当时的清华大学校长罗家伦一拍桌子，钱先生破格进了清华外文系。还有大诗人臧克家先生，考国立青岛大学，作文 98 分，数学“0”分;历史学家吴晗先生考北大，英语满分，数学“0”分；国学大师季羡林当年高考，数学比前面几位稍强一点儿，成绩是百分制的“4”分，但国文英语出色，竟被北大、清华同时录取，季先生后来评价说：北大是“凝重深厚”，清华是“清新俊逸”，他读书选了“清新俊逸”，成为清华学生；当教师选了“凝重深厚”，成为北大教授。

最有意思的，可能还是钱伟长先生。钱先生是国学大师钱穆的侄子，自小国学功底深厚。1931 年顺利考入清华园，据说历史系的陈寅恪、中文系的朱自清都争抢这位“国学根基可与英文系钱钟书比肩的新生”。可就在钱伟长选定中文系之后，日本发动了九一八事变，东三省迅速沦陷。这让钱伟长很受冲击，坚信学文救不了国，要想不挨打，就得学理。

他天天追着物理系的吴有训教授，要弃文从理，转系学习，走“科学救国”之路。这让吴教授很为难，因为他高考时虽然文史成绩满分，理科成绩总分却只有区区 25 分，英语更是“0”分，物理成绩是百分制的“5”分。但最终，吴有训先生仍同意先让钱伟长试读一年，条件是在期末考试时每门课成绩都要超过 70 分，才能留在物理系。这一年，钱伟长每天只睡 5 个小时，很快掌握了学习理科的方法，培养了高效的自学能力，一年内，普通化学、普通物理、高等数学三门课均过了 70 分。1935 年，钱伟长不但顺利毕业，还额外学了工程热力学、材料力学、化学分析等理科科目。1940 年，他前往加拿大多伦多大学继续深造，仅用一年的时间，就获得了硕士学位；又 1 年后，获得了博士学位。他与导师辛格教授共同完成了世界上第一篇关于“板壳的内禀统一理论”的论文，用时仅 50 天。已是科学界巨星的爱因斯坦看完这篇论文，激动地说：“这个年轻人解决了一直困扰我的疑问！”

陈芳允刚刚踏进清新俊逸的水木清华，刚刚看清那位道光进士、三朝侍郎殷兆镛所撰的“槛外山光历春夏秋冬万千变幻都非凡境，窗中云影任东西南北去来澹荡洵是仙居”的名联，就听见有人喊了一声：“陈芳允？那是陈芳允吗？”

这是一声亲切的黄岩乡音，陈芳允急回身一看，叫了起来：“王天眷！怎么是你！”

王天眷个子不高，圆圆的头型，目光锐利，精干利索，看上去比陈芳允大个四五岁，他的家在黄岩宁溪坦头村，不但和陈芳允是同乡，还是黄岩县立中学的同学，比陈芳允高两届。

两个黄岩青年在异乡校园拥抱在一起，王天眷问："你怎么也考到清华来了？在哪个系？"

陈芳允说："我是机械系的，刚到北平。你是……"

"我也是今年入学的，在物理系。"王天眷说。

陈芳允放低声音问："我怎么听说你前年就考进了上海交大，还听说你遇到了麻烦，被抓到监狱里去了？"

王天眷摇头轻笑了一下，拉着陈芳允的手朝僻静处走，边走边讲起自己的这段经历。

王天眷是 1912 年出生的，比陈芳允大了四岁，两人的生日都在 4 月，陈芳允的生日是 4 月 3 号，王天眷的生日是 20 号。但是王天眷还未出生，就注定了这一生的命运坎坷。

王天眷的父亲叫王卓，字楚才，也是黄岩县立中学的前身——清献学堂的学生。那个时候，像王天眷的父亲王卓、陈芳允的父亲陈立信这一代青年俊彦，走出家乡，弃旧学而求新学，报考新式学堂特别是军事学堂，成为热门选择。王卓和后来的辛亥烈士柯冠时、日后一度出任国民政府代理总参谋长的林蔚，以及方策、吴冠周、王皞南、刘祖舜、林显扬、徐乐尧等二十几位将军，都是从清献学堂走出去的。王卓开始时就读的是浙江陆军小学，后又入南京陆军第四中学深造，在两个学校读书时，恰巧都与日后的国民党大员陈果夫是同学。

据陈果夫民国三十三年（1944）亲笔所撰的《王楚材传》，王卓“幼颖慧，能文善书”，“初见其沉默寡言，恂然儒者”，但为人却“任侠好义，隐怀革命之志”，并参加了同盟会。

辛亥年，武昌起义爆发，南京陆军第四中学的进步学生谋划响应革命，在南京发动起义，王卓“策划尤力”。当时，大家推举陈果夫和陈铭枢担任代表赴上海，与同盟会取得联络，共商进取，王卓也请假跟随到了上海。在武昌战事紧急之际，王卓与“同学百数十人参与学生军，以赴汉口之急”。他和“李章达、范其务、邢震南、杨绍东、王雍等领工兵班六十余人，指龙王朝登陆”，正与一伙清军相遇，双方展开了激烈的战斗，“战剧援绝，知不能正面摧敌，急沿江走，冀迂回敌后，覆其巢。卒因地势不利，无可掩蔽遂败绩”。王卓“身中弹，复裹重行，失足陷江堤，竟殉焉”。

据说王卓烈士中弹负伤后，犹奋臂高呼：“一时之强弱视乎力，千古之胜负系于义，力可穷而义不可没，吾今死可乎！”这该是何等血性亢扬，何其慷慨壮烈！

《王楚才传》这份重要史料记载：王卓烈士牺牲的那一天，“时为清宣统三年九月初九日（即1911年10月30日），得年仅二十有二耳。”当时因为战事孔急，“同志无能为致遗骸者，后之合葬杭州孤山之南京阵亡将士墓者，衣冠冢也”。

而王卓“赴鄂前，尝书告友朋示诀，固早以身许国，讵出师未捷，竟先以身殒”。他和同年牺牲的柯冠时烈士，被称为肇造民国舍身成仁的黄岩“辛亥双烈”。当时，王卓与夫人郑氏刚刚完婚，年轻的妻子有孕在身，在他牺牲后几个月，才生下王天眷这个“遗腹子”。

这一天在清华园，王天眷没有告诉陈芳允自己1932年在上海交大读书时，就加入了中国共产党，并以“郑君平”的名字从事党的地下工作，在积极参与上海大、中学联抗日救国运动时，曾任交通大学党支部书记和共青团上海市法南区委宣传部部长。1932至1933年期间，王天眷曾先后4次被捕，经多方营救出狱，据说其中很可能就有与父亲王卓烈士同时就读黄岩清献学堂的国民党高官林蔚的担保搭救。

王天眷只是和陈芳允聊起了自己即将就读的清华物理系。陈芳允从王天眷那里得知：清华物理系1926年秋天设立，是清华大学成立最早的十个系之一，物理系首任系主任，正是著名教育家、物理学家、中国近代物理学奠基人之一的叶企孙先生。陈芳允、王天眷入校的1934年，吴有训先生经叶企孙先生推荐，接任系主任，当时在系里任教的，就包括有吴有训（1928年）、萨本栋（1928年）、周培源（1929年）、余瑞璜（1930年）、赵忠尧（1932年）、任之恭（1934年）等一代物理大家和名师，清华物理系是最早与国外先进科学教育与科学研究接轨的院系，课程设置尤其强调在经典物理和近代物理的理论与实验方面给学生以广泛的教育和训练，并在相当大程度上参照了美国大学物理系的教学模式。而研究工作集中在X射线、原子核物理、电路和无线电、相对论等方面，其学术气氛非常浓厚，连当时国际著名的大科学家尼尔斯·玻尔（Niels Henrik David Bohr，1885—1962）、保罗·狄拉克（Paul Adrien Maurice Dirac，1902—1984）、保罗·郎之万（Paul Langevin，1872—1946）等，都曾来系里讲学。

当然，此时的陈芳允不可能知道半个世纪后的新中国，会向 23 位“两弹一星”功勋颁授勋章，而这 23 人中，出身于清华物理系的就有王淦昌、钱三强、彭桓武、王大珩、赵九章、陈芳允、邓稼先、朱光亚、周光召，约占四成，而王淦昌不但是清华物理系首届毕业生“大学兄”，同时还是陈芳允就读过的浦东中学的“大学长”。清华物理系 1929—1938 年这“黄金十年”中的毕业生里，日后荣获中国科学院院士的有 21 人，此外还有林家翘成为美国国家科学院院士、戴振铎成为美国国家工程科学院院士。而这个神奇的“黄金十年”，本科生毕业总人数才 71 人、研究生 1 人，这样的“成材率”，恐怕在全世界也难找出第二家。

王天眷、陈芳允这些新生了解到，他们物理系的创始人叶企孙先生，其实原本出身于一个书香门第、仕宦之家。叶企孙先生的祖父叶佳镇，一生饱学，官至五品，任国子监典簿厅主事。1857 年冬天，叶佳镇因事前往广东，正赶上清王朝在第二次鸦片战争中的广州失陷。叶佳镇在广州的街头，亲眼看见大清国赫赫有名的疆臣——体仁阁大学士、两广总督叶名琛，竟被英法士兵以俘虏的身份押解，游街示众！中国的读书人，向来以读书仕进为目标，以开府建牙、成庙堂重臣或地方大员为骄傲，可堂堂大国的两广总督，竟至兵败受辱若此！叶佳镇心中的传统信念瞬间崩塌，直至去世，终日慨叹“国无利器”之悲。

从那时开始，叶家子弟对读书求仕的兴趣大减，渐渐明确了要想改变国家羸弱情状，就得另辟蹊径的道理。叶家这个文质彬彬、儒雅温润的孙辈——叶企孙，本名叶鸿眷，在“游美肄业馆”更名为“清华学堂”后，成为走进清华园的第一批学生。在校期间，年仅17岁的叶企孙抱着“尔等学生当注重科学之理解，以探天地之奥窍，以谋人群之幸福。庶几国家日进于富强，而种族得免于淘汰”的志向，成立了清华校史上第一个学生团体——科学会，在每两周一次的科学报告会，他所作的报告“范围极广，如天演演说、苹果选种、煤、无线电报之设备、测绘法、力、废物利用……”，开始了科学救国的实践。苦读5年后，叶企孙于1918年8月，插班进入美国芝加哥大学物理系三年级学习，师从实验物理大师、1946年诺贝尔物理学奖获得者珀西·布里奇曼教授（Percy Williams Bridgman 1882—1961），这位技艺精湛的实验物理学家，讲求物理学实验求证的“操作主义”思想，对叶企孙先生影响深远，并经由他带入到清华物理系的教学之中。民国九年（1920年）六月，叶企孙获理学士学位，同年9月入哈佛大学研究院学习，他仅用短短几年时间，就取得了物理科学研究的重大成就——“辐射常数h值测定”，为人类继续攀登科学高峰建起了新的台阶；“高压磁性研究”，使他成为中国现代物理学中研究磁学第一人。民国十二年（1923年）叶企孙荣获哈佛大学哲学博士学位。同年10月，他告别美洲大陆，取道欧洲回国，在游历英、法、德、荷兰和比利时五国，参观各国高校的物理研究所，拜会国际物理学界同行后，于民国十三年（1924年）三月回国，第二年8月，出任清华学校副教授；1926—1933年，受清华梅贻琦教务长、校长之托，排除万难，组建并完善了清华物理系，任系主任。

在王天眷他们物理系的同学中，传诵着叶企孙先生那篇振奋人心的《中国科学界之过去、现在和将来》，文章说：

> 有人怀疑中国民族不适宜研究科学，我觉得这些论调都没有根据。中国在最近期内方明白研究科学的重要，我们还没有经过长时期的试验，还不能说我们缺少研究科学的能力。唯有希望大家共同努力去做学研究，五十年后再下断语。诸君要知道，没有自然科学的民族，决不能在现代立脚得住。

在叶先生温润儒雅的外表之下，是燃烧着的爱国之火、救国之焰，他曾激情四溢地对学生们讲演：

> 你们明白自己的使命吗？一个国家，一个民族，为什么会挨打？……要想我们的国家不遭到外国人的凌辱，就只有靠科学！科学，只有科学才能拯救我们的民族……

这一切，让年轻的陈芳允心沸腾起来，他开始有了自己的选择，他在《自述》中写道：

清华一年级时因读机械系，要学工程绘图，画好不易，占时太多。1935年期终考试，因物理课得了一个S+（那时清华打分用5分制，S表示佳），我就转到物理系学习，对物理实验很有兴趣。

意外的收获是，转入物理系后，他和王天眷不但是同乡、同学、同系，居然还是同屋室友。在那篇《自述》中他特意写道：

进清华后，遇到同乡同学王天眷，他原是交大学生，1932年入党，后被捕入狱，出来后重新考入清华的。到二年级时，我们同住一个房间，对我的影响较大。

艰苦的学习开始了，清华的理科学生照样要上国文课。第一堂国文课铃声一响，走进来一位三十多岁、四十不到的先生，身高也就1米6，消瘦身形，眉目清雅，戴副黑边圆形眼镜，看上去“整饬而温和、庄重而矜持”。

“在下朱自清，将和大家一起讨论国文课程。”先生操着一口清淡舒缓的“苏白”，从容言道。

我的天，居然是那个写了《背影》《荷塘月色》和《桨声灯影里的秦淮河》的朱自清先生！

据说这位朱先生平日也是穿西装、打领带的，但今天，却是一袭朴素干净的灰布长衫，脚下是一双双梁的老式黑布鞋。

朱先生轻咳了一声，说："我认真阅读了诸位同学的应考作文。其中有一篇给我留下了深刻的印象，这位同学写的《夏夜的昆虫》，从文章上讲，有条理，又有章法；描写生动，夜景也写得很优美。"他停顿了一下，目光在眼镜片后面闪闪烁烁，"可惜，却犯了一个常识性的错误，他把青蛙也算在昆虫内了，他笔下的青蛙叫声变成了虫鸣。他'想当然'地把带有'虫部首'的蛙归到昆虫类了。但是，因为他的文章写得好，我还是把他录取了。"

陈芳允坐在下面，脸烧得通红——他就是那位"想当然"的《夏夜的昆虫》的作者。

朱先生没有点陈芳允的名，他甚至可能根本就没有想到找出哪位同学才是《夏夜的昆虫》"想当然"的作者。先生也许只是想告诉同学们，做文章，尤其是作为一个即将从事科学研究的人，绝不能够有一点儿"想当然"的毛病。

陈芳允好不容易熬过这堂课，赶紧跑去图书馆查资料："……青蛙，蛙科，褶蛙属，两栖类动物，其头部略呈三角形，长大于宽；眼大而凸出；前肢短，指趾端钝尖，后肢较短粗，趾间几为全蹼；背部较粗糙，生活时蓝绿、黄绿、深绿，灰绿、灰褐色等，具有不规则的黑斑，腹面皮肤白色，光滑，无斑……"

夜晚，陈芳允独自漫步在清华园的荷塘边，时入初秋，比朱自清先生写《荷塘月色》的夏景略晚了些。但朱先生的文字还是会跳跃在他的脑海里——

> 沿着荷塘，是一条曲折的小煤屑路。这是一条幽僻的路；白天也少人走，夜晚更加寂寞。荷塘四面，长着许多树，蓊蓊郁郁的。路的一旁，是些杨柳，和一些不知道名字的树。没有月光的晚上，这路上阴森森的，有些怕人。今晚却很好，虽然月光也还是淡淡的。
>
> 路上只我一个人，背着手踱着。这一片天地好像是我的；我也像超出了平常的自己，到了另一个世界里。我爱热闹，也爱冷静；爱群居，也爱独处。像今晚上，一个人在这苍茫的月下，什么都可以想，什么都可以不想，便觉是个自由的人。白天里一定要做的事，一定要说的话，现在都可不理。这是独处的妙处，我且受用这无边的荷香月色好了。

大一的“陈同学”此时没有“享‘独处’之妙”的心情，他所想的是：在未来探求科学奥秘、追求科学真理的道路上，绝不可以有一丝一毫的粗疏与虚妄。

他还想起自己小时候听祖父讲的那些明心见性的“禅宗公案”，那些“当头棒喝”的顿悟法门，他觉得这位矮个子的国文老师朱自清，就是萧然伫立在他矢志科学道路之端的一位“棒喝者”、一位“敲钟人”。

有一位萨本栋先生，三十出头，讲普通物理学，简直迷住了陈芳允。萨本栋，都说是蒙古人，其实应该说是出于色目的雁门萨氏，元代著名诗人萨都剌是其远祖，清末北洋海军和民国海军名宿、一度代理过国务总理的萨镇冰先生，是其族叔祖。萨本栋生于1902年，清华大学毕业后前往美国，考取斯坦福大学，获工学学位；1924年，又考入麻省伍斯特工学院，获理学博士学位，为有名的“萨氏12博士”之一，也是萨氏所出的中央研究院院士，陈芳允入学时，萨本栋恰在清华担任物理系教授，1937年后，他又成为厦门大学的第一位校长。

笔者曾网购过一本商务印书馆发行的旧书，封面灰中泛黄、内页纸张已经松脆，书名即为《大学丛书·普通物理学》，署名为“萨本栋著”，出版时间是1933年，即陈芳允入校前一年。细看内容，发现书的原有者可能也是清华的莘莘学子，在书上面密密麻麻地画出很多重点句子和段落，也偶有批注和感悟，可惜目前不在手头，无法一一细查了。但正是这部萨本栋先生所著《普通物理学》，成了我国第一部用中文编著出版的高校物理学教材，它分上、下册，陈芳允在校的1936年，萨先生还配套出版了《普通物理学实验》教材。全书秉承的宗旨如萨先生所言，“以叙述问题之起因及现象之大概为发端，论列物理之律列及其相互作用之关系为躯干，而以各现象之应用为枝叶，及解释此等现象之学说为归宿”。而特别值得注意的是：在此之前，我国高校的此类教材，都是英文的。

正是因为《普通物理学》是第一部中文物理学教材，所以在物理学名词的翻译上，或难为学界公同信用。为此，萨本栋先生专门会同商务印书馆出版订正本，看看萨先生所写的《订正版弁言》，足见那个中国近代物理学像初生朝日一样的起步阶段所面临的问题，足见当时的中国物理学开拓者群体的大家风范，也足见陈芳允那一代青年学子是沉浸在何等开张、直切、明朗、坚劲的治学环境和学术风气之中。

萨本栋先生写道：

> 本书自印行至今，历时已有二载，而两年来国内及国外物理学之进步，均足使本书有订正之必要。
>
> 关于国内物理学界之进步，除各物理学家研究所贡献者外，应以中国物理学会审定全部物理学名词，及此项名词由国立编译馆呈请教育部公布一事为首要。本书前此所用之名词，虽有所根据，然究非公意，是以订正之时，编者不惜捐弃私人意见，完全采用执有全国物理学界最高权威之中国物理学会所审定之词语。编者深信物理学名词应由且仅应由物理学会公同审定。此等名词一经全国唯一之物理学会谨慎决定之后，他人实无置喙余地。即使所决定者与现行习惯或法律，有不尽相同之处，亦以修改未科学化的恶习惯与不合科学的坏法律为是。

若固执成见，而不改良习惯与法律，且反认为物理学家所审定之物理学名词为不当，而欲禁止其通行，实有削足适履之弊！

真可谓“治学如断狱，一词决死生”！

真可谓“慷慨唯学者，坦荡不阿时”！

真可谓“视学术为最高贵之凛然不可犯者，视威权世俗为沟渎之浊水卑风”！

萨本栋等教授在陈芳允面前展开的物理学，究竟是一个何等神奇、何等迷人的学术领域？那些被叙述的“问题之起因及现象之大概”究竟是怎样的出人意料、得之如神遇？也许，物理学家、数学家多普勒·克里斯琴·约翰（Doppler Christian Johann 1803—1853）的故事可以作为注脚——

那还是1842年的一天，40岁的奥地利人多普勒先生步行到一处铁路岔道口，这时，恰逢一列火车即将通过。扳道岔的铁路工人放下了阻拦路人的“抬杆”，路人们抱怨着，等在铁道一侧。

火车飞驰过来了，煤烟儿弥漫四散，刺耳的汽笛声尖锐嘹亮，车轮带起的风吹得女人们按紧裙角围巾、男人们慌忙捂住厚呢子礼帽。

在道口等待列车驶过、骂骂咧咧的人很多，但人群中只有多普勒先生一人有了突然的发现：为什么火车从远而近的时候，汽笛声变大；而火车经过身边驶向远方的瞬间，汽笛声听起来会突然变小？

这个物理现象一下子迷住了多普勒，他开始对此展开研究。不久，他就发现其中的原因居然是“波源”与“观察者”之间存在着相对运动，使观察者听到的“波长”不同于“波源波长”。也就是说，当火车由远而近开过来时，汽笛的波长变短，声音就变大;而当火车从身边远去时，汽笛的波长变长，声音就变小。多普勒先生给这种现象起了个名字：“波长移动现象”，即：波源相对于观测者在运动时，观测者所听到的波长会发生变化——当波源接近观测者时，声波的波长减小，听起来震耳欲聋；当波源离开观测者而去时，声波的波长增加，听起来其势骤衰。而波长的变化，又同波源与观测者间的相对速度和声速的比值有关，这一比值越大，改变就越显著。多普勒阐释了这一发现的物理学根据，被后人称之为“多普勒效应”。而且，多普勒效应还不仅仅适用于机械波，它同样也适用于所有类型的波，包括电磁波和引力波。

多普勒效应在此后一个多世纪，被人们在众多实用领域广泛应用，从医学上的彩超，到航空气象和雷达，无不据此而生。多普勒效应还成为卫星定位的理论基础，在数十年后，陈芳允成功地将它用之于中国的航天事业。

从机械系转入物理系前，陈芳允就上过吴有训先生的课。吴有训，字正之，物理学家、教育家，是中国近代物理学研究的开拓者和奠基人之一，被称为中国物理学研究的“开山祖师”，可他也是陈芳允眼中最特殊的一位大学者。吴有训

19 岁考入南京高等师范学校理化部，受教于留美归来的胡刚复博士；24 岁赴美学习；25 岁进入芝加哥大学物理系。26 岁，在 1927 年获得诺贝尔物理学奖的物理学家阿瑟·霍利·康普顿（Arthur Holly Compton，1892—1962）来到芝加哥大学任教，吴有训成为他的研究生，与康普顿教授一起从事 X 射线散射光谱研究。据说康普顿关于 X 射线效应的研究成果发表后，遭到另外一位研究 X 射线的物理学家、哈佛大学教授 W · 杜安的强烈反对，而吴有训以实验结果，强有力地证明了康普顿效应的普遍性，并证明杜安教授的观点是错误的。因此，当时有人称这个成果为"康普顿—吴效应"。28 岁，吴有训以题为《康普顿效应》的论文，获得芝加哥大学哲学博士学位，留校任助教。29 岁学成回国，31 岁后相继出任清华大学教授，物理系主任、理学院院长，32 岁在清华大学建立了中国第一个近代物理学实验室，进行 X 射线问题的研究。39 岁，他被德国哈莱（Halle）自然科学研究院推举为该院院士，成为第一位被西方国家授予院士称号的中国人……很多年后，康普顿教授对杨振宁先生说："我一生只有两位最得意的学生，其中一位就是吴有训"——其实，康普顿比吴有训仅仅年长 5 岁。

可这位大学者一登上讲台，确实给人不同凡响的印象，他身材高而瘦，鼻梁上架着和朱自清先生几乎一样的圆眼镜，一口清浊平仄分明的江西话，声音十分洪亮，带着喉音，语速快捷而准确。尤其是当他出现在实验室里的时候，身上既不穿长衫，也不穿西装，而是一身粗布的工作服，像是个精干的钳工师傅。高年级学生都传说：吴先生会做所有农活儿，还会做木工，在读书期间就展现出了实验物理学家超强的动手能力。据说当时他就读的南高理化部经常需要购置实验器材，有一次实验室急需一张高桌用于安放新购置的仪器，吴有训自告奋勇，东拼西凑找来木材，自己动手打制了一张牢固实用的木台。自此之后，凡是实验室里有临时需要的小物件，老师同学们第一个想到的就是找吴有训想办法。

有时，吴先生讲起物理学，风发扬厉、激情澎湃，他会一边在黑板上写写画画，一边高声论断："没有人真正看到过电子，它究竟是方的、圆的，还是多角的？不知道！X射线是波长较短的光波，光波是电磁波，还是电磁场的波？而量子论则说它具有粒子和波的二重性，是光子。当然这可以用光电子的产生是由光射入物质表面击出电子来证明，但这还只是一种间接的证明！"

已经在物理系读书的王天眷掰着手指给陈芳允讲吴先生的治学之道：一是注重基本概念和科学思维的条理性，总是启发学生从简单的事实中悟出深刻的道理来；二是重视实验教学，特别是学生的动手能力；三是强调自学；四是注意引进和介绍国际前沿科学；五是重视学生的全面发展。陈芳允本来对物理实验就特别感兴趣，王天眷介绍的这一切，更让陈芳允心向往之。

多少年后，陈芳允回忆起他转入物理系是多么的幸运。

据清华大学物理系给出的“1929—1938·黄金十年毕业生”表格，陈芳允算是清华物理系的第十级毕业生，而物理系的第一级，毕业生只有王淦昌、施士元、周同庆、钟间四个学生，其中王淦昌、施士元两位都是从陈芳允就读过的上海浦东中学毕业的；

第二级人更少，只有冯秉铨、龚祖同、施国钧三人；

第三级，甚至只有杨逢挺一人；

第四级，是郑一善和赫崇本两人；

第五级好多了，有赵九章、殷大钧、傅承义、何汝楫、胡乾善、潘耀、王竹溪、熊鸾翥 8 人；

第六级，薛培贞、周长宁、高梓、宁有澜、翁文波、张宗燧 6 人；

第七级，是钱伟长、彭桓武、熊大缜、徐昌权、许南明、顺汉章、王遵明 、赫贵忱 、李鼎初、孙德铨，共 10 人；

第八级，是钱三强、王大珩、于光远、陈亚伦、何泽慧、谢毓章、许孝慰、戴中、杨振邦、杨龙生，共 10 人，其中于光远的别名是“郁锺正”；

第九级，也就是陈芳允的上一级，有葛庭燧、池钟瀛、秦馨菱、方俊奎、黄香珠、林家翘、刘庆龄、刘绍唐、戴振铎等 9 人；

到陈芳允他们这个第十级，毕业人数最多，除了陈芳允和王天眷，还有张恩虬、赵芳瑛、何成钧、何家麟、夏绳武、徐骤宝、胡宁、顾柏岩、李正武、沈洪涛、斯允一、孙湘、曹家齐和张韵芝，共16人。

陈芳允转入物理系第一天，吴有训先生就找到他，和他进行了一次谈话，陈芳允一直记得当时的情景：

> 当时，物理系主任是吴有训教授，在进系第一天，他和我谈话时就指出：物理是许多工程学科的基础，希望你们把基础打好，将来做什么工作都有用；他还希望我们要注重动手（指作实验和与实验有关的基础技术），今天看来，这些都是重要的教导。

陈芳允还回忆——

吴先生问："陈同学，你现在告诉我：实验物理的学习，应该从什么地方开始？"

陈芳允紧张得一时不知怎么回答。

吴先生随手抄起器材桌上的螺丝刀，提高声调说："就从使用螺丝刀开始！"

转系之后，陈芳允按照吴有训先生的教诲，多选实验课程——这也合乎他本人的兴趣爱好。但实验课程真是"重"呀，比如普通化学，外系的工科学生每周只需作半天的化学实验，而物理系学生却和化学系一样，要做整整两个下午的实验。功课太多，安排不出实验时间，吴先生就单独给陈芳允讲解，并亲自审查询问他的实验情况。

陈芳允进入清华大学机械系的时间，是1934年的9月；

转入物理系学习，主攻无线电电子学的时间，是1935年9月。

仔细阅读陈芳允的人生之旅和求学之路，其实是一个意外连着一个意外，一次“不顺”接着一次“不顺”的——早年丧母，没上过小学，直接考上当地中学后却没有高中可读，好不容易在上海读上了高中，几天后就遭逢九一八事变；紧接着，又是“一·二八”抗战。在时局的缭乱动荡中，高中的学习也不能按部就班地进行，高中毕业时甚至都没有像样的毕业典礼。然后是报考上海交大，遭受落榜的打击；“侥幸”进入清华，又不是自己喜爱的专业……现在——1935年的9月——陈芳允终于在清华大学物理系找到了那张自己期盼已久的“平静的书桌”，而且和同乡同学王兄天眷还住进了同一间宿舍。

“朝辞白帝彩云间，千里江陵一日还。两岸猿声啼不住，轻舟已过万重山。”

“客路青山外，行舟绿水前。潮平两岸阔，风正一帆悬。”

…… ……

也许一条宁静的求学之路正在铺展、一种人生的顺境正在拓宽吧？

然而，并非如此！

绝非如此！

陈芳允进入物理系之后不到半年，日本帝国主义加紧了侵华图谋，华北危机！中国危机！

北平爱国学生立即做出强烈的反应，1935年12月，清华大学中文系四年级学生、清华地下党支部书记蒋南翔，在地下室执笔起草了清华大学学生自治会的《告全国民众书》，首先发出“华北之大，已经安放不得一张安静的书桌”的警号，震撼中华大地的“一二·九”运动浪高雷吼，呼啸而起。

半个世纪后的1985年，为纪念“一二·九”运动50周年，蒋南翔先生撰写了一篇长文《我在清华大学参加“一二·九”运动的回忆》，文中写道：

> 为了赶在游行以前起草一篇对外宣言，我独自躲到清华一院大楼地下室的印刷车间，杜门谢客，抱满腔悲愤的心情，写了《清华大学救国会告全国同胞书》。这篇宣言接连写了两三个晚上……我一面写作，一面不能自已地泪流满面，激动的心情，难以言宣。
>
> ……
>
> 文章脱稿后，先在十二月六日出版的清华救国会的《怒吼吧》杂志上发表，又印成单页，在几天后的“一二·九”游行队伍中广为散发，在大街小巷到处张贴。

国家命运的历史必然，为处身其间的个人制造着一个接一个的偶然，陈芳允在他的《自传》中，是这样叙述的：

> 1935年冬，“一二·九”运动爆发，我经过进清

华后一年多的思考，站在革命的一边，但没有参加组织，如“民先”（笔者注：指 1936 年在中国共产党的领导下成立的以抗日民主为共同奋斗目标的先进青年群众组织——“中华民族解放先锋队”，简称“民先”），只是在外围做一些工作，如办民众夜校等。

详细叙述那场波澜壮阔、影响深远的“一二·九”运动，不是本书所能为者，但是陈芳允的同乡好友王天眷的身影，总是活跃在“一二·九”运动的风涛之上，成为陈芳允思想和精神上的引导者。

陈芳允晚年，在写给老同学王克宬的信中还回忆道：

我们这一代，适逢中国和世界大变动时期，特别是 50 年前人民共和国成立之前，我们的人生经历是曲折的，如果选择不当，可能会误入歧途。对于人生道路的选择，思想观念的发展起着根本的作用。说到我自己的思想发展过程，我就要感谢我们的老乡王天眷了。在清华时，他和我同住一室，当年他是一个党员。“一二·九”运动时，我曾倾向于进步同学一方，也做了一些外围的工作，但心中还是不很明确，犹犹豫豫，是天眷在平日谈话中使我了解了共产党的宗旨和抗日主张，产生了反对蒋介石国民党的心理。

王天眷 1932 年 4 月就参加了中国共产党，但 1932—1934 年间他连续四次被捕入狱，组织关系中断了。到 1935 年的"一二·九"运动时，王天眷被选为清华大学学生救国委员会委员，1936 年 12 月重新加入中国共产党，1938 年在清华大学（与北大、南开合组为西南联合大学）物理系毕业。

此后，王天眷走过的人生之路，甚至比陈芳允还要坎坷多难，充满偶然，说起来真令人唏嘘感叹。

1938 年至 1942 年，他留在清华大学无线电研究所工作，任助教。1942 年至 1943 年，在重庆大学任讲师。1943 年至 1947 年，他以中共地下党员的身份，在国民党政府航空委员会空军通信学校任职。1947 年 7 月，被中华教育文化基金董事会选派为出国研究员，王天眷意外地获得了赴美国留学的机会。1948 年 12 月，他只用一年时间，就荣获美国俄亥俄（Ohio）州立大学理学硕士学位，1953 年 12 月，又获哥伦比亚大学哲学博士学位。新中国成立后，身在美国的王天眷当即束装，准备回国参加新中国建设，但有资料表明："当时的美国当局扣留了他的护照，经过多年的斗争和一些美国科学家的帮助，到 1958 年底才将护照归还给他。但要想从美国直接回国阻力极大，经英国牛津大学物理系主任 B. 勃里奈（Bleaney）的担保和法国原子时钟委员会发出赴法讲学的邀请，才获得去欧洲各国的签证，于 1959 年 8 月离开美国，游历和考察了英国、丹麦、荷兰、比利时、联邦德国、瑞士和意大利等国。1959 年 9 月至 1960 年 2 月在法国科学研究中心担任顾问。经过中国驻法国和瑞士大使馆的帮助，绕道奥地利、匈牙利、前苏联等国，历尽周折，于1960年2月举家回国，投入社会主义祖国的科学事业。”

“艰难苦恨繁霜鬓”，“身世浮沉雨打萍”，整个50年代，王天眷身如飘萍，漂泊在大洋彼岸的美国，但王天眷始终没有放弃物理科学的研究，坚信总有一天他获得的科研成果能为新生的祖国作出贡献。在哥伦比亚大学攻读博士和任辐射研究所高级研究员期间，王天眷参加了C.H.汤斯（Townes）教授领导的微波受激发射（Maser）研究，这项研究重要的学术意义，在于它开创了激光新时代，开辟了一个全新的学科——“量子电子学”。为此,汤斯获1964年诺贝尔物理学奖。而在汤斯的主要文章中，王天眷是第三作者。作为汤斯研究的团队成员，王天眷为首台氨微波激射器的研制成功作出了重大贡献。1950年后，王天眷还在哥伦比亚大学，对核电四极矩相互作用及其随温度变化的关系作了系统的理论分析和实验测量，他发明的讯号反馈振荡检波电路具有灵敏度高、噪声低、电路简化等优点，为同行专家公认和采用，被誉为“王氏电路”。

经历了人生的“黄河大转弯”，王天眷终于在1960年回到祖国，后历任中国科学院武汉物理研究所（前期曾称中南物理所、湖北物理所）研究员、研究室主任、副所长、所长等职务，致力于开拓和发展中国波谱学研究事业。他首先在中国科学院武汉物理所创建波谱学研究室，培养和造就了一批波谱学研究骨干。60年代，我国出于国防和现代化建设的需要，着力开展了原子钟的研究。王天眷承担了氨分子钟的研制工作，在他带领下又成功地完成了氢激射的研制，对中国时间频率计量事业起到奠基性的作用。此后又完成了铷原子激射器和铷原子钟研制等重大任务。铷原子钟从1969年完成交付国防工程使用，至今仍在服役；铷原子激射器1979年完成后成为中国高速飞行器的短期频率统一校正标准，在中国首次向太平洋发射洲际导弹试验中发挥了作用，受到中共中央、国务院和中央军委的通令表彰，并于1985年获国家科技进步一等奖、国防科委一等奖。与此同时，他领导的波谱学研究室开展了核磁、顺磁、核电四极和光磁共振等基础性研究工作，取得了一批成果。

王天眷秉性耿直，处事直言说论，不避不讳。为此，在历次政治运动中受到极不公正的待遇，“文革”期间，科研工作也被迫中断。然而他忠诚祖国科学事业矢志不改；1981年后，年过七旬的王天眷调中国科学院物理研究所任研究员、博士生导师，他不顾年迈，为培养人才尽心尽力，直至1989年去世。如今，武汉物理与数学研究所有个“天眷班”项目，便是以我国波谱学的创始人之一王天眷的名字命名的。

陈芳允始终关注着王天眷这位老同学、老兄长，直到王天眷逝世12年后，故乡文史界拟编纂《浙江古今人物大辞典》，陈芳允名列其中。但陈芳允却亲笔写信给参与此项工作的台州文史专家朱汝略先生，信上郑重地说：

此外，我特推荐已故王天眷先生（黄岩）为入典人选。

"一二·九"运动的冲击洗礼，改变着陈芳允的思想和精神，而反抗日本侵略的紧迫形势，也给陈芳允提出新的课题——"一二·九"运动不到一年——1936 年 11 月，著名的绥远抗战爆发。

日本帝国主义进占华北、侵略中国的图谋由来已久，1935 年初，日本制造了"察东事件"。1935 年冬，日军借口"张北事件"，指使伪军占领察北六县和察东八旗，并在 1936 年 2 月 1 日成立了伪"察哈尔盟公署"。紧接着，日军锋芒直指绥远。

日军侵绥计划不断实施，以国民政府绥远省主席兼第 35 军军长傅作义将军为首的中国军队也在做着战前准备，绥远局势战云密布，一触即发。1936 年 11 月 13 日，日伪军终于按捺不住，开始疯狂的军事挑衅和入侵行动。

中国军队奋起反抗，1936 年 11 月 18 日，晋绥军发起全线攻击，土城子大部被攻克，红格尔图东、南、北三面之敌向北方逃窜——红格尔图之战告捷。

11 月 24 日，晋绥军再次收复百灵庙，取得了震惊中外的"百灵庙大捷"。

12 月初，我军再战锡拉木楞庙，收复失地，重创敌军，粉碎了日伪军的反攻图谋。

一连串的胜利鼓舞着全国人民的抗日激情，清华大学派出了慰问宣传队，前往绥远前线，慰劳我军将士。陈芳允积极参加了慰问宣传队，活跃在抗日的最前线。

12月的绥远前线，天寒地冻，风雪弥漫，茫茫草原，又冷又湿，陈芳允他们这些北平学生，原本就没有什么战地生活的经验，全凭一腔热血支撑。

当时，清华大学中文系教授朱自清先生“奉教职员工会冯芝生（友兰）会长之命，携带同仁捐款二千元，前往绥远及平地泉慰劳前方抗战将士”。

也许，我们需要借助朱自清先生1936年11月22日所写的《绥行纪略》，来了解陈芳允他们这些清华学子的前线慰问之旅。

绥远，是当时中国的一个省级行政区，绥远省辖境相当于今内蒙古自治区巴彦淖尔市、鄂尔多斯市、乌海市的海勃湾区，海南区、包头市、呼和浩特市及乌兰察布市大部，绥远和热河、察哈尔、宁夏共称“塞北四省”，简称“绥”，省会在归绥。说起“归绥”，很多人可能觉得陌生，其实就是今天的呼和浩特市。“敕勒川，阴山下，天似穹庐，笼盖四野。天苍苍，野茫茫，风吹草低见牛羊。”关于敕勒川的具体位置，历史地理学上有多种解法，其中之一，就是在归绥（今呼和浩特）西南，那首苍凉宽广的古代北朝民歌，唱的或许就是这片土地。

从照片上看，当时的朱自清先生已经穿上了厚厚的棉长袍，他身边的抗日将士和同去的清华慰问队成员，个个冬装，头戴皮帽子，裹着厚围巾，衣领子高高耸起，护着脖颈，显然，这里已是地冻天寒。

朱先生写道：

> 十九日早过平地泉，有受伤官长一人，用绷架抬上火车。车门嫌窄，抬入极为不易。后知此受伤之人乃三十五军二一八旅参谋席卓先生，系在红格尔图被飞机掷弹炸伤胸部，用载重汽车送至平地泉，再由火车送绥。席先生经百余里之颠簸，上火车时绷架又再三转侧，当时情形极为痛苦，但不能言。抵绥后即送往教会所办之公医院，经打三针，惟失血过多，势甚危险。记此以见前方医院及救护之缺乏也。
>
> ……如碉堡等，皆以铁筋洋灰为之，并均自以小炮试验，确系坚固。若仅匪军来扰，可保万无一失。至前线兵士，皮大衣大致已备，但天气如再寒冷，鞋袜耳套手套等，恐甚为需要。绥地买不出许多，且制作工人太少；此事颇盼平津地区及他处同胞帮忙。又谓绥地民众极能与政府合作，即如今日为前方制烧饼，全城饼师，皆加紧工作，且互相谓曰："这是给我们弟兄们吃的，得烤熟些。"

凭借朱自清先生的《绥行纪略》，我们无法知道那位叫"席卓"的抗日军人最后的死生，但亦足以感受到战争的气氛，粗知那个“日日大青山，夜夜敕勒川。战士杀胡虏，血热刺刀寒”的严酷战场。

陈芳允没有对自己在前线的生活做出过多描述，但显然这个来自南方的青年，对塞北的苦寒无所准备，到绥远前线不久，他就开始染病。坚持到转过年的1月，终于一病不起，身上发着高烧，咳嗽不止，整个胸腔像是要炸裂一样。他回忆道：

1935年底，参加学生会组织的到绥远慰劳傅作义部队抗日的宣传队。

1936年初自绥远回来得肺炎，在协和医院住了近两个多月，回校后复原很慢，半年没读多少书。

这似乎成了陈芳允最难忘的遗憾之事。躺在协和医院的病床上，从报纸上了解着日渐紧张的抗战及国内政治局势，他寝食难安。加之住院多日，耽误了上课学习，他没有勇气参加高难度的数学考试。当时他的数学课，是由著名数学家、中国现代数学先驱、中国函数论的主要开拓者之一熊庆来先生讲授的。陈芳允因病误考，熊先生还专门给他安排了补考。据说补考之日，熊先生早早就来到教室等陈芳允，但自知落了很多功课的陈芳允，就是没有勇气跨进那间考场，气得熊先生大笔一挥，给了他一个“0”分！

这也许算是他的人生求学之路上的“至暗时刻”吧。

直到晚年，回想此事时，他心里还是惴惴不安。

“人生路必曲，必须立我志。成功常有偶，努力不为私”——陈芳允晚年的这几句箴言，常常被人解读为劝谕青年的“励志之词”，但他写下“人生路必曲”时，安知不是对自己人生曲折的感叹？

紧接着，还有更大的曲折、更激烈的动荡、更艰巨的考验出现在他的生命中。他在回忆中写道：

> 1937 年暑假回黄岩，77[七七]事变发生，抗日战争开始。清华通知迁长沙，我和几个在清华、北大的江浙同学相约同去长沙上临时大学。不久因饮食不慎，得伤寒症，住长沙湘雅医院，那时因日寇开始进攻武汉，学校部分教师同学步行往昆明。

对于这段曲折南迁的流亡经历，我们可以纵笔写上十页、二十页、五十页，但还是陈芳允本人的回忆更真切：

> 1939 年初，我自医院出院后，因体弱不能步行，和教师、同学经广州、香港、越南到昆明，进西南联合大学（北大、清华、南开三校联合）物理系。任之恭、孟昭英教无线电课，还有实验无线电课，我对之很感兴趣。

西南联大，又是一个用100本书也写不完的中国奇迹。

有人评价：西南联大明明是“最穷大学”，却被誉为“中国教育史上的珠穆朗玛峰”，与哈佛、剑桥、耶鲁齐名而毫无愧色。

有人回忆：梁思成、林徽因为西南联大设计教室和师生宿舍，因为经费拮据，设计方案一改再改，从楼房改为平房，从砖墙瓦顶改为土坯墙茅草房。

汪曾祺先生回忆说：“这里原来是一片坟地，坟主的后代大都已经式微或他徙了，联大征用了这片地并未引起麻烦。有一座校门，极简陋，两扇大门是用木板钉成的，不施油漆，露着白茬。门楣横书大字：‘国立西南联合大学。’进门是一条贯通南北的大路。路是土路，到了雨季，接连下雨，泥泞没足，极易滑倒。大路把新校舍分为东西两区。路以西，是学生宿舍。土墙,草顶。两头各有门。窗户是在墙上留出方洞，直插着几根带皮的树棍。空气是很流通的，因为没有人爱在窗洞上糊纸，当然更没有玻璃。昆明气候温和，冬天从窗洞吹进一点风，也不要紧。宿舍是大统间，两边靠墙，和墙垂直，各排了十张双层木床。一张床睡两个人,一间宿舍可住四十人。我没有留心过这样的宿舍共有多少间。我曾在二十五号宿舍住过两年。”

林语堂评价西南联大：“物质上，不得了！精神上，了不得！”

杨振宁说：“它是中国最好的大学。”

后世人们赞叹："讲台上，人人是大师；讲台下，则是未来的大师"。

这里，成了陈芳允这条生命小舟的暂泊之处，这条小舟七拐八弯，总是离不开整个中国历史命运的大洪流、大跌宕。

陈芳允将在大西南，继续自己"科学救国"的理想；

他将继续成长，逐渐洗去一个黄岩青年身上的青涩；

他将继续学业，成为敌机轰炸下的科学探索者；

他还即将赢得爱情，有一个美丽而聪慧的姑娘在等着他，和他牵手，一起打开人生新的一扇门，走过未来的未知岁月……

当时的西南联大，集中了清华、北大和南开三所著名大学的精华，物理系的教学不仅没有受到影响反而得到了加强，中国物理学界许多学术造诣精深的知名教授都集中在这里执教：有来自清华的叶企孙、吴有训、周培源、赵忠尧、王竹溪、霍秉权、任之恭和孟昭英;有来自北大的饶毓泰、朱物华、吴大猷、郑华炽、马仕俊；有来自南开的张文裕；还有联大师范学院聘请的许浈阳。

西南联大物理系的师资力量虽强，但研究所需要的物质条件却十分匮乏。由于原校区的大部分实验仪器未能抢运出去，又因缺乏经费，物理系的研究工作受到很大限制，主要以理论研究为主。为了抗日战争的需要，清华大学成立了"特种研究所委员会"，叶企孙担任主席，领导清华大学无线电、航空、国情普查、金属和农业 5 个研究所，从事与抗日有关的科学研究。陈芳允是学无线电电子学专业的，他的学业虽然进展艰难，但始终没有中断。

西南联大的学生集中了全国的精英。从1938年至1946年，物理系（含清华、北大、南开物理系）共毕业本科生131名、研究生7名。他们中走出了诺贝尔物理奖获得者杨振宁、李政道，走出了“两弹一星”功勋奖章获得者陈芳允、邓稼先、朱光亚、郭永怀，走出了国家最高科学技术奖获得者黄昆……

当时，陈芳允是深受物理系教授任之恭先生赏识的学生。任之恭生于1906年，比陈芳允仅仅年长十岁，出生在山西沁源偏僻贫瘠的河西村，据说早年读私塾的时候，老师和学生要盘腿坐在一铺火炕上。1926年，任先生毕业于清华，同年获得在美国学习5年的全额奖学金，进入美国剑桥麻省理工学院电机工程专业。此后6年中，他先后在剑桥麻省理工学院、费城宾夕法尼亚大学、哈佛大学学习研究，获得电机工程学士、无线电通讯硕士、物理学哲学博士等学位。陈芳允入校的1934年，恰是任之恭教授从山东大学入职清华大学的那一年；他教授的，也正是陈芳允的专业——物理学兼无线电专业。在西南大学，他任物理学和机电工程教授，同时还任清华无线电研究所所长。

在西南联大艰苦的环境中，任之恭教授千方百计找原材料，制作实验器材，在国内首次制造出了电子管等无线电器件，开展了真空管的装配技术和半导体性能的理论研究，还开展了无线电频波传播的理论和实验研究，并开创性地对雷达的使用进行了模拟试验，培养出一大批青年人才，陈芳允之外，应用数学家林家翘、固体物理学家范绪筠、天线理论家戴振铎等都出自任之恭先生门下，有趣的是任先生研究范围甚至涉及到物理学之外，比如用微波处理种子、花粉、蛙卵、蚕卵等，这些都是开创性的探索研究。

据清华大学自己的校史资料表明：

> 航空、无线电、金属三个所，进行了一些直接为政府的军事需要服务的科学研究。航空研究所在昆明建成当时国内唯一可用的五英尺航空风洞，国民政府航空委员会各飞机厂的所有新机模型，都交给清华航空研究所实验。此外，航空研究所还进行改良机型、空气动力学与高空气象研究、研制滑翔机和直升机、结构材料的研制等工作。1942 年清华航空所完成委托设计和制造滑翔机任务（初级 2 架、中级 1 架），其中一架被命名为“清华号”，对直升机进行了部分研究工作。（陈芳允所在的）无线电研究所的工作很多直接服从于政府的军事需要，该所与军事委员会、资源委员会紧密合作，主要研究短波无线电和真空管制造，供军事通讯之用，曾研制出中国的第一个电子管。该所也进行为军政部培训通讯军官、设计及制造通讯机器等工作。

笔者有幸看到了陈芳允先生在西南联大时的照片，和1934—1936年他在清华学习时的成绩表。

而那张成绩表上的字迹已经漫漶模糊，看不太清，仔细辨认，大致如下：

第一年级：国文N+；第一年英文N；普通物理S-；微积分S；第一年军事训练N-；体育S。

第二学年：普通化学76；微分方程86；中级电磁学S+；中级光学S；中级力学81；中级热学85；中级物理实验83；第二年军事训练74；体育83；经济学概论I+；第一年德文78；丙组：实用工程及格。

第三学年：力学66；热力学76；电磁学70；光学88；分子运动之物质论70；第二年德文73；气象学68；金工实习（上）76；金工实习（下）80；实验技术（下）82。

这份成绩表到全面抗战爆发、流亡西南大学前戛然而止，但我们知道的是1938年，陈芳允终于在经历无数艰难曲折之后，完成了大学学业，从清华大学毕业。

很多年后，他在一份《台州籍人士在国内外调查表》上郑重地填写道："1934.9—1938.7清华大学物理学系（北京、长沙、昆明）。"在这份表格中，我们还看到他在"曾用名"一栏上写有"希尹（但未在正式场合用过）"的几个字。而他的“文化程度”一栏，填写的是“大学毕业”——他是如他这一重量级的中国科学家中，少有的没有硕士、博士学位的“本科生”。

陈芳允记录下了自己毕业后的过往，他写道：

> 毕业后，虽经学校介绍到一些地方，但未去成。后经任之恭先生建议，我到清华无线电研究所（在昆明大普吉，和其他几个清华研究所在一起）去当了助教，做有关无线电通信方面的工作。

陈芳允所说的“昆明大普吉”，位于昆明市西北的大普吉村，这里距城10余里，深嵌在昆明坝子西北部，东有长虫山，西有火焰山，北有尖山，自古为昆明西北方向古道的必经之地，早年有昆皎驿道（俗称川滇驿道）从昆明大西门北上，过大普吉，经富民，到禄劝皎平渡。到了近代，随着滇越铁路、滇缅公路、贵昆公路等开通，大普吉成了昆明城郊的一个死角、一个僻静之地，当时西南大学的师生们，都戏称自己是“普吉人”。而同为“普吉人”的陈芳允，他所在的清华大学无线电研究所，设在威远街财盛巷，为国内首创，是战乱中科研条件最好的。

据清华校友会的老先生回忆：

> 无线电研究所由任之恭先生主持。之恭先生

> 1926年毕业于清华学堂。当时除在研究所工作外，还在工学院任教，故每周只来三天。
>
> 之恭先生研究的课题是短波。室外立有一根比房子稍高的可动天线，室内安装两条铜棒，工作时用小灯泡接触铜棒，每隔一段距离灯泡就亮。再配合着天线的转动就可以进行试验了。之恭先生住在西门外联大宿舍，在研究所工作时总是在食堂吃中饭。先生和蔼可亲，饭桌上常常讲道：自己是山西人爱吃醋，夫人是无锡人爱吃甜，于是家中做菜只能是糖醋，这一些话引得哄堂大笑。

这是陈芳允真正意义上的第一份“工作”、第一个“职业”。

在所里工作三年，陈芳允把一身所学理论知识都与工作实践结合在一起，经过实际工作的锤炼，无线电专业基础知识更加扎实。此前，该所的林家翘先生曾经开展了一项叫作“秘密无线电”的研究，用现在的说法，大约就是“保密电话机”。但1940年，林家翘出国，留学于加拿大和美国，并最终获美国艺术与科学院院士、美国国家科学院院士、中国科学院外籍院士、麻省理工学院荣誉退休教授，而他的研究工作就留在了所里。

林家翘其实和陈芳允同年出生，都是任之恭先生的学生。但陈芳允没有林家翘的幸运，他在昆明大普吉，接过了林家翘遗留下的研究项目，完成了林家翘出国前未完成的“秘密无线电研究”，并独自完成了其中的晶体滤波器的研制。

这也许算是陈芳允最早的科研成果。

很多年后，陈芳允已是享誉中华的著名科学家，有青年学子问：“陈先生，您自大学毕业之后，是不是就有了探索宇宙星空奥秘、对话遥远星河的憧憬？您是什么时候开始抬起头，仰望神秘而辽阔的太空的？”

陈先生沉吟了很久，才缓缓地说：“我那时抬起头，看见的不是美丽的星空，而是日本的轰炸机。”

他的下一个人生目的地，是成都、是重庆。

山城重庆，雾都重庆，抗战时国民政府的陪都重庆，陈芳允从古都北平，绕了人生的一个大圈子，然后暂时落脚于雾都重庆，在这人生的大周转中，他已经从一个 18 岁的弱冠少年，成长为一个 28 岁的青年知识分子。

这一年，是 1944 年。

第三章

从异国到故国

让我们再次把时钟从 1944 年，拨到 1970 年中国第一颗人造地球卫星“东方红一号”发射的时刻。

某卫星监控中心的李瑞高级工程师回忆：

> “东方红一号”任务圆满完成，全国上下沉浸在无比喜庆的气氛中，陈老先生也不例外。但那天晚上我们送他上车时，隐隐约约地感觉到陈老先生心里好像有一点不悦。当时也没有多想。

把第一颗人造地球卫星送上天，实现了“上得去、抓得住、听得到、看得见”的 12 个字目标，陈芳允的“不悦”又何所来呢？

李高工接着讲述道：

1970 年 10 月份，也就是执行完“东方红一号”任务后半年，陈芳允先生又一次来到了湘西站，与他一起来的还有晏振乾同志。当我去招待所看望他的时候，他指着一个小巧玲珑的天线模型说，这次来湘西，主要是想弄清楚“154”单脉冲雷达为什么在“东方红一号”任务中提前丢失目标，发现目标也比预报的时间晚。

……参加“东方红一号”入轨段任务的卫星观测站，除我们站外，还有 H 站、N 站、K 站，这几个站的主要测量设备是“单频”及光学经纬仪。而我们站除了有这些设备外，还有天线口径为 4 米的“154”单脉冲雷达,在当时的测量设备中,它可是“超级大国”。据说，只要它能跟踪 10 秒钟目标，就可以算出卫星轨道，所以被视为“天字第一号”。

但是，就在“东方红一号”发射的当天晚上，一小时口令即将下达，“154”雷达“参放”突然不能正常工作了。

为确保“东方红一号”发射任务圆满完成，经周恩来总理同意，将原定晚上 7 点发射的时间推迟，直到“154”雷达恢复正常，卫星发射场才重新下达一小时准备的口令。

这时已是晚上 8 点多，由于“地影”的原因，使得光学设备失去了观测的最佳时机。

值得庆幸的是，当卫星到我们站可观测距离时，“154”雷达捕获到了目标，调度室里传来了振奋人心的声音：

“一号发现目标”……

“一号发现目标”……

“一号跟踪正常”……

这声音虽然时隔多年，现在好像还在耳边回响。

大约3分钟，调度室里再度传来“一号跟踪结束”的声音，这时大家才松了一口气，“毛主席万岁”的欢呼声在每个机房中久久回荡。

而此时，陈老先生却在认真思考一个严重的问题：“154”雷达未到预定跟踪结束的时间，为何提前丢失目标？

是“154”雷达的问题，还是卫星应答机的问题？

理论上，“154”雷达应该跟踪到1000公里以上，而“154”雷达在“东方红一号”入轨段，只跟踪到300公里左右，就丢失了目标，这不能不算一个严重的问题。

……经过陈老先生的努力，谜团终于揭开了——“154”雷达本身是正常的，问题出在卫星上的“应答机”天线的旋向弄反了。这个问题引起有关单位的高度重视，在后续的新型号卫星任务中得以纠正。而“154”雷达也得到了“平反”，每次都能跟踪到1000公里左右。

对话星河，是理想，不是幻想，更不是空想；

对话星河，是科学，不是文学，更不是玄学。

完成中国人对话星河的伟大理想，靠的正是这种一丝不苟、精确求是的科学精神。

陈芳允先生身上的这种科学精神，种子播撒在清华校园，发芽生长在昆明大普吉茅草屋顶的实验室，中间又经过了怎样的生成经历，才得以枝干壮硕，参天卓立，繁花满树，果实累累呢？

——有国难当头的艰难磨炼；

——有欧风美雨的浸润熏陶；

——有国家建设的急切召唤；

——也有人生路上的潮起潮落、月缺月圆……

陈芳允从昆明到成都再到雾都重庆，又从雾都重庆到更加世界闻名的雾都——英国伦敦，这样一条生命轨迹，不可能是没有故事、没有波折、没有偶然的。

陈先生的自传中，是这样记述的：

1941[年]，因想对抗战做一些工作，经任之恭介绍，于1941年夏天到成都航空委员会无线电厂（厂长倪尚达）工作，该厂修、造飞机上的无线电设备。去后不久，因搞无线电定向仪有成绩，被提为研究股长。那时在研究股的有陶晓光，他是陶行知的儿子，和我成为好友。

在致昔日同乡同学王克宬先生的信中，陈芳允写道：

我随学校搬到昆明，毕业后前几年在清华无线电研究所。三年的工作，使我建立了就在国内这样差的工作条件下也不见得搞不出一些新的研究工作的信心。但当时我想为抗日做些事，1941 年经所长任之恭的介绍到成都无线电厂工作（该厂属于国民党航空委员会）。

陈芳允说起自己的成绩，一向是云淡风轻、轻描淡写，其实他进入无线电厂后，立刻显示出了在科研和生产一线从事实际工作的出色能力，进厂当年，初露身手，他就研制出了我国第一架无线电导航（定向）仪，专用于飞机导航。被提升为“研究股长”，正是对他这项成就的肯定和嘉奖。而陈芳允更看重的是自己终于为抗战做出了实际工作，实现了临来无线电厂时任之恭老师的谆谆嘱托。

但是，生活和事业并非都与这个 25 岁的青年知识分子所期待的那样，他在给老同学王克宬的信中还讲述了这样一件“怪事”：

1944 年初，有一次他们叫我到重庆安装一部美国送的飞机导航设备，装好后所长叫我把导航方向指向西北，而不是该打日本人的地区。这就使我十分怀疑他们的用心，从此产生了不为国民党做无线电工作的想法，想脱离这个无线电厂。

1944年，西北，是西安？是延安？

最先进的武器装备设施，不对准日寇侵占的血泪国土，却对准延安？

这是什么意思？

抗日战争的捷报频传，世界反法西斯战争胜利的曙光即将出现，这个时候，“中国向何处去”成为一个无法回避的时代命题。每个关心国家前途命运的中国人，都在考虑中国的未来，也都在确定个人的理想和抉择。

此时，陈芳允已经不是一个人了，他的身边，有了那位长着一双会说话的大眼睛，总像是微带笑意的新婚妻子——沈淑敏。

陈芳允与沈淑敏的爱情故事，开始于1939年，当时，陈芳允23岁，刚到清华大学无线电研究所任助教；沈淑敏24岁，在清华农研所工作。

从外表上看，沈淑敏是个典型的江南女子，生得清秀柔美，眉目如画，小巧玲珑，衣着朴素，说起话来更是清泠悦耳，和陈芳允沉稳敦厚的慢性子，正好形成对比。她算是苏州人，却随当医生的父亲长在浙江湖州。她本人22岁毕业于苏州东吴大学生物系，一生都在从事教育和科学工作，曾先后在上海医学院、贵阳医学院、清华大学农研所、华西大学、燕京大学和云南大学医学院担任助教、讲师。1950 年到中国科学院上海实验生物所任助理研究员。1956 年协助贝时璋先生创建了中国科学院生物物理研究所，先后担任副研究员、研究员。1958 年，她协助贝时璋先生创建了中国科技大学生物物理系，任系副主任。1974 年，创办了《生物化学与生物物理进展》杂志，任该刊主编，直至 1987 年退休，她才离开她工作了整整半个世纪的教学、科研岗位。

陈先生的自传中，可以看到关于他和妻子沈淑敏的一段“白描文字”：

> 1939—40[年]，在无线电研究所时认识在隔壁的生物研究所工作的沈淑敏，成为朋友，即我的爱人。
>
> ……沈淑敏于 1942 年冬从昆明经贵阳到成都华西大学任助教，我们 1943 年在华西大学刘承昭 [钊] 教授家结婚。

陈芳允在这里的记忆略有误差，这位“刘承昭教授”的名字其实是“刘承钊”，早年毕业于燕京大学，在美国康奈尔大学获哲学博士学位。刘教授当年 40 多岁，他曾是沈淑敏在东吴大学生物系读书时的教授、系主任，也是名重当时、才华横溢的动物学家、中国两栖爬行动物学的主要奠基人之一。

沈淑敏在东吴大学，有个要好的女同学，名叫胡淑琴，两个女生性情爱好相契，成了一对好闺蜜。结果呢，闺蜜胡淑琴嫁给了老师刘承钊，从同学“晋升”为“师母”。

陈芳允、沈淑敏爱情甜蜜，伉俪情深，只是他的“白描”叙述太过“白描”了。

据说，当年在大普吉，清华的6个研究所研究人员在同一个大食堂吃饭。彼时清华研究所大多是毛头小伙子，农研所有几位女生，自然成为“珍稀物种”。其中，一个漂亮活泼的女生格外引起陈芳允注意，她，就是沈淑敏。

但是，怎么接近她，示个好？这还真让从未赢得过“美人芳心”的陈芳允为难了。

苍天不负有心人，人间有情缘，老天爷都帮忙。

有一次，陈芳允去恩师吴有训家，正好遇上沈淑敏也来作客。

那天，吴家来了不少青年学子，好几个男同学都找机会和沈淑敏说话，献个小殷勤啥的。沈淑敏嘛，只是抿着嘴笑，却不多说话。

那天吴有训教授和他的学生聊得兴致颇浓，当下扯着喉音很重的江西大嗓门道：“今天大家都不要走了，我请大家吃个便饭，萝卜青菜，咱们打打‘抗战牙祭’！”

陈芳允本来有些羞涩紧张，话也不多，听见恩师要请客，当下站起身对师母王立芬说：“师母，还是我来做饭吧，请大家尝尝我的手艺。”然后挽起袖子，下了厨房。

王师母微笑不语，看破不说，任由“沈姑娘”跟在“陈助教”身后，进了厨房。

他俩人在厨房，像是平日在各自的实验室里鼓捣科学仪器，但听刀勺叮当，不闻笑语欢声，可一顿饭作下来，彼此眼中都有了别样星光。

据说，沈淑敏在农研所的研究工作中，要解剖青蛙。青蛙躲在池塘里，一个女孩子又怎么能抓到它？陈芳允就成了沈淑敏的“猎人”和“助手”。

大普吉的荷塘、月色、蛙鼓、苇风、水波、人影、星光、爱情……一切该到来的，都到来了；该成熟的，都会成熟。即使是战争，即使是苦难，即使是清贫，都无法阻止两颗心的贴近。

又据说，两个人恋爱时，他们各自所在的研究所实际上只有“一板之隔”，但彼此夜以继日忙着各自的研究课题，连个卿卿我我的时间都没有。有很长一段时间，别人都不知道陈芳允和沈淑琴正在热恋，沈教授晚年还笑眯眯地回忆说：

> 那时候他来找我，总是先在外面轻轻地敲门。替他开门的我的同事便对我说：“隔壁有人找你。”我去找他，也是这样。很长时间，人家都不知道我们的关系，还以为我们是隔壁邻居。

刘教授家挤出一间屋，做了他们的婚房，很久之后，他们才算有了属于自己的“小窝”。新婚，是幸福的、甜蜜的，但陈芳允要思考的问题，却异常严峻——

首先，抗战前线捷报频传，昭示着中华民族即将赢得这场民族战争的伟大胜利，那么此后，中国将重整破碎山河，恢复国家建设，这就需要更多有知识的、能在科学技术层面与国际最先进水平接轨的知识分子，像林家翘同学他们，就已经先行一步，千方百计迈出国门，踏上了远赴欧美的深造求学之路。

其次，经历多年的抗日战争，原本就落后于世界先进水平的中国经济遭受严重破坏，在科学技术和教育领域，与欧美的差距更是进一步拉大，要急起直追、迎头赶上，仅靠国内的学习和研究显然难以达成目的，一时间，“科学救国”的时代命题，与“留学欧美”的求学路径紧密结合了起来，成为知识分子特别是知识青年的优先选择，从当时的国际国内局势看，这样的路径设计也非空想，很多机会正摆在有志于此者的面前。

再有，国民党政权的反动本质日渐暴露，政治的腐败、官吏的贪渎、特务政治的令人发指、官僚资本攫取抗战胜利果实的无所不用其极，真是触目惊心，未来几年，中国面临的会是民主与专制两种命运、两种前途的新的斗争吗？中国会重新陷于战乱吗？中国会给他留下一间安静的实验室、让他倾注全副精力，为这个多灾多难的祖国制造一团科学的星火、擦亮一双仰望天空的眼睛吗？

身在成都的陈芳允此时特别想见到的，是老同学王天眷。多少次迷茫彷徨之际，与君一席话，就能打开一孔窗。可王天眷此刻在重庆，两地相隔不远，但音信并不通畅，当此局势，王天眷会做出什么样的选择呢？隐约听说，他也有赴美留学深造的打算，这是真的吗？

1944 年，陈芳允和沈淑敏迎来了他们爱情的结晶——儿子陈晓东出生了。也正是这一年，美国利用“租借法案”、英国由“英国工业协会（FBI）”出面，开始在中国招考一批技术人员，到英美的工业部门学习工作。

刚刚做了父亲的陈芳允该如何选择？他在此后记述道：

> 美国方面先行招考，英国的后考。我当时也并不想出国，只是去试试。美国方面我报考“电影工程”，英国的考“无线电工程”。美国的发表我考取在先，44 年初夏，我去重庆“教育部”报到要出国（事先未告知厂里），却经厂里去函，说该人厂里工作离不开，加以阻止，没有能出去。

这真是很意外。

陈芳允服务的成都无线电厂，此时的厂长叫李敬永，也是浙江台州临海老乡。这个厂是为了增强抗日航空力量，在美国人的帮助下建立起来的，主要负责修理空军战机上的导航设备，包括组装装配和研制导航雷达，所以，这个厂实际上是属于中央航空委员会、专门为中国空军服务的。而抗日战争时期兼任空军前敌司令部总指挥的周至柔将军，也是浙江台州临海人。就在陈芳允结婚的1943年底，常德会战展开，中美空中力量共战斗出动216批1747架次，袭击了常德、藕池口、石首、华容的日军阵地，击落日机25架、击伤19架，炸毁日机12架。在陈芳允参加留英美报考的1944年春夏之间，豫中会战展开，中、美方共战斗出动飞机312批1918架次，向洛阳、郑州、陕县、灵宝、宜昌等地的日占机场以及黄河大桥、日军阵地展开空中攻击，击落日机87架、炸毁79架，炸毁日军坦克、各种车辆1000多辆，炸沉船只36艘。其中，中国空军击落日机32架、炸毁日机11架，仅壮烈牺牲在空战中的飞行员烈士就达24名。此后在长衡会战、桂柳会战中，中美方都联合出动大批飞机，支援地面军队作战，袭击日军前沿机场、交通枢纽、仓库等目标和日军阵地，为抗日战争最后胜利作出了贡献。

陈芳允并不知道这位李敬永厂长，竟然也是中共党员。按照国民党的官场陋习，同省人，称为“大同乡”；若同市同县，则是“小同乡”，“小同乡”比“大同乡”的关系还“铁”，当时官场用人，这成了一个约定俗成、心照不宣的“行规”。所以，所谓蒋介石选将用人的“暗规则”是“浙黄陆一”，此言并不虚——“浙”，就是指江浙人特别是浙江人；“黄”，就是黄埔系；“陆”，就是陆军大学出身；“一”，就是出身于“国民革命军第一军”系统。陈芳允虽然关心国家的前途命运，但对政治、对官场，本能地隔绝疏离，只是默默地在厂里为抗日做实际的技术工作。突然听说厂里阻止他赴美学习，实在难以接受，心情顿然沮丧起来。

身在重庆，却找不到王天眷一吐郁闷。陈芳允想起自己的好友——陶行知先生的二儿子陶晓光。

厂长李敬永和陶行知先生是相识的。以陶先生的社会声望，能不能帮他向李敬永厂长略加“疏通”？

或许，陈芳允当时对此还存有一丝期望？这我们就只能无据揣测了。

陶行知先生虽然是大教育家，但主张“社会即学校”，教导大家别当“文凭迷”，他的四个儿子都很优秀，比如长子陶宏，是我国感光化学学科的奠基人和开创者，研究出我国第一代彩色胶卷；老四陶城在新中国成立后是哈尔滨工业大学航天学院的冲程力学教授，但只有他有正式的学历文凭；二哥陶晓光虽然日后成为无线电专家，但没有正式文凭。进无线电厂工作是迷恋无线电学的陶晓光的意愿，但想要进厂工作，毕竟需要有正式的学历文凭，可陶晓光没有。病急乱投医，他找到父亲开办的育才学校副校长马侣贤先生，请他想办法弄到了一张假的“毕业证书”。没想到，这事很快就被陶行知先生知道了，陶先生发了火，在校务会上严肃地指出：“我有一位老朋友，在成都无线电厂当厂长。他要找一名助手，侣贤同志没有同我商量，就把陶晓光推荐去了，并且给他开了一个在晓庄师范毕业的证明。这是不对的，因为晓光并没有在晓庄师范毕业。”

陶晓光先生自己的回忆，基本印证了这个过程：

一九四零年夏，我二十二岁时去成都一个无线电修造厂学习和工作，需要资格证明书。我几乎没有什么正规的学历，于是绕过父亲，写信给育才马副校长要一张晓庄学校的毕业证明书。父亲在重庆知道后，就打电报要我将证明书立即寄回。接着父亲又给我写了一封信，信中说：

“最近听说马侣贤寄了一张证明书给你。他擅自作主，没有经过我看过，我不放心，故即于当晚电你将该件寄回，以便审核有无错误，深信你已经照办了……我们必须坚持‘宁为真白丁，不做假秀才’之主张进行。……总之，‘追求真理做真人’，不可丝毫妥协……决不向虚伪的社会学习或妥协。你记得这七个字，终生受用无穷，望你必需努力朝这方面修养，方是真学问。”

父亲这封信，给了我屈从世俗的行为以当头一棒，使自己思想上受到很大震动。父亲自己的一生就是“追求真理做真人”的典范。

正是在陶先生的要求下，陶晓光离开成都，与陈芳允依依作别。

育才学校就在重庆北碚的曹街子镇古圣寺，要不，去找晓光聊聊？陈芳允想。

路并不好找，天下着雨，像人的心情。到北碚要坐轮渡过江，江水滔滔，浊流滚滚，老轮渡破旧肮脏，突突突冒着黑烟，甲板上人挤着人，鸡鸭鹅挤着鸡鸭鹅，噪噪杂杂，在沉闷缠绵的雨中喧闹不止。

陈芳允浑身淋得湿答答的，心头郁闷难以排遣。抬头看天，灰蒙蒙的积雨云又厚又浓重，一条云缝儿都没有，更不要说天光日影。

好不容易找到育才学校，偏巧陶晓光并不在。陈芳允左等右等，眼看着夜色渐浓，沉云聚散，星月遁形，再问看校门儿的老校役，人家操着一口重庆话说："哪个知道？他家人都不晓得啷个娃儿去哪里客！"

陈芳允无奈，只好原路返回。

第二天，雨虽停了，大雾却开始弥散，浓雾昏沉如盖，压在头顶，重庆，可真不愧是雾都呀！

陈芳允一边在街头徘徊，一边思量要不要回成都。

成都，妻子沈淑敏还抱着亲生儿等他回去，要是知道他这样落魄在雾都街头，走投无路，不知道该多么心疼。

这时候，突然有人追上来，拍了一下他的肩膀。回头一看，那人穿一身空军的咔叽布军装，腰系皮带，原来竟是在中央航空委员会机关的熟人王大全参谋。

"陈先生，你怎么还在这儿溜达呀？"王参谋问。

"哦，是王兄，我……"陈芳允不知如何作答。

"你不是马上要去英国了吗？"

"什么……英国？"

“是呀，你不是考取了去英国的无线电专业吗？通知都已经发表了，我在航空委员会批准的名单上看到了你的大名。现在和你一起考取的人都忙着准备行装呢，你怎么还有闲心在这里闲逛？”

陈芳允一下子愣在了山城的石板路当中。

去美国，归教育部管；去英国，由中央航空委员会批准，陈芳允竟忽略了这一层。

就这样，命运之手，再一次轻轻一拨，把陈芳允“拨”上了去往英国求学的远洋邮轮，他在英国接触到了当时世界先进的科学，增长了知识和才干，也进一步坚定了无线电电子学的学术专业方向。

感谢命运之手的这一“拨”，给未来的中国“拨”出了一位科学巨匠。

告别妻子和儿子，告别战火纷飞的故国，去英国，经印度加尔各答，走海路，航途漫漫，抵达英国伦敦科索无线电厂时，已经是1945年的春天。临行前，陈芳允和沈淑敏带上儿子陈晓东拍了一张照片，拍照时，陈芳允穿了西装，特意打上一条斜纹领带；沈淑敏则是选了一件无袖的淡色矮领旗袍；至于坐在父母中间的陈晓东，戴着尖顶儿的婴儿帽子，胖嘟嘟的小脸，一副安然、懂事的样子。

在海船上，陈芳允把这张照片拿出来看了一次又一次。

海浪拍打着船舷，海鸥落满了船栏，海风撩动着他的头发，也撩动着他的乡情。

他喜欢摄影，他报考美国的“电影工程”专业或许与这爱好有关，也未可知；他也喜欢拍照，生前留下的照片不少。但不易被人发现的是，陈芳允在照片上似乎从来都不肯占“C位”，就是这张与妻儿的临别照，正光也打在妻子和儿子的脸上。直到日后他作为大科学家走遍全国各卫星发射场、观测站、实验室乃至人民大会堂，每次拍照，他也大都是笑吟吟地处于照片的一侧；有时他和自己的学生、年轻的科技人员在一起合影留念，他就像是个乐呵呵的普通老头儿立在人群中，没有一点儿“大主角”的架子。时至晚年，有一次他和孩子们去北京香山脚下的曹雪芹故居游览，孩子们给他拍了张单人照，即便如此，他也好像只是照片上那浓密槐荫、萧疏瓦屋的“配角儿”，而且，他还在照片背后写上了一句诙谐的话：“大槐树下中不溜秋者”。

“中不溜秋”——一句北京土话，是不高不低、不大不小、不疾不徐、平平常常、普普通通的意思。陈先生一直以“中不溜秋者”自况，他从来不把自己当成天才、当成能人、当成“星”，他愿意是那个聚光灯照不到的“常人”，相信“做常人而勤奋”，才是最好的。

伦敦——另一个雾都。陈芳允对英伦三年的生活，同样一笔带过：

> 1945—1948年春，在英国A.C.Cossor无线电厂研究室工作。先在伦敦搞电视接收机线路改进工作，

后转至曼辙[彻]斯特该厂雷达研究室做海用雷达显示器等方面的工作。48年春，海用雷达样机完成，装在玛丽皇后号船上试验，我在船上参加试验，到4月试完后，即回国。

COSSOR，即科索尔电子设备有限公司，是英国赫赫有名的无线电生产厂，1945年陈芳允进入到这个厂的研究室，第一项工作，就是参与彩色电视接收机的线路改进工作。早在1925年，苏格兰科学家约翰·罗杰·贝尔德（J.L.Baird,1888—1946）就制造出了第一台能传输图像的机械式电视机，播放的画面是一个静止在墙上的木偶。尽管画面上木偶面部很模糊，噪音也很大，但能在一个不起眼的黑盒子中看到栩栩如生的图像，仍引起了人们极大的兴趣，约翰·罗杰·贝尔德由此也被称为“电视之父”。1928年9月11日，美国试播了世界上第一部电视剧《女王的信使》。因为当时的摄像机是不能移动的，所以演员只能在镜头前站立着演出。1939年的纽约世博会上，电视进行了大规模公开展示，吸引了大量好奇的民众。罗斯福总统在镜头前致开幕词，成了第一位上了电视的美国总统。不过，二次世界大战很快全面爆发，电视的发展陷入停滞。战争接近尾声，电视的发展又进入快车道。陈芳允到达英国的第二年，英国恢复了固定电视节目。而“电视之父”贝尔德在自己发明的机械电视被淘汰后，又锲而不舍地开展了彩色电视的研制。1946年6月8日的二战胜利大游行，就是用彩色电视播出的。在这次播出后仅6天，贝尔德就因病去世了。

陈芳允参与的，应该就是电视影像技术划时代、跨越式发展的这段研究工作。此后，他又参与了英国第一套“海洋雷达”的研制，主攻的是显示器性能的改进。1948年，海用雷达的样机第一次诞生，并装在“玛丽皇后”号上，试航了整整一个月。

所谓“海用雷达”，应该就是现在通常所说的航海雷达（Marine radar），是装在船上用于航行避让、船舶定位、狭水道引航的雷达，亦称船用雷达。航海雷达最初出现时，为在能见度不良的海况中行驶的航海者提供了必需的观察手段。它的出现是航海技术发展的重大里程碑。1904年德国工程师克里斯蒂安·胡尔斯迈耶（Christian Hülsmeyer 1881—1957）制成能发射和接收电磁波以探测船舶的装置，但因作用距离不到1英里，这项后来发展成海洋航行特别是海洋军事方面重中之重的研究，并未引起重视。1935年法国班轮“诺曼底”号最先安装了航海雷达，但其天线是固定的，不能旋转，据说只能探测到航线前方的冰山。在现在人看来，在船舶上安装雷达岂不是天经地义？但当初“雷达上船”可并非易事。别的不说，就说雷达的“个头儿”吧——早期，英国的大量雷达基站建在海岸线上，它们不但是固定的，而且体积庞大得像个钢铁巨人，接收天线的高度是80米，发射天线更是高达120米，这显然已非一艘船舶所能加载安装的了。30年代末，英、美制成了船用米波对空搜索雷达；第二次世界大战期间，研制了厘米波对海雷达……此后，航海雷达一直是海洋工程界研究的重点。

动目标显示……地杂波……云雨杂波……

相干信号发射……功率行波管……

速调管……前向波管……

这些，就是20世纪40年代与陈芳允相伴于异国他乡的精灵。而这些研究，在遥远而多难的故国，是无从开展的。

笔者找到了陈芳允在异乡英伦的几张照片，其中一张是他和同班好友秦诒纯一起摄于海德公园的照片，从画面上几乎看不到海德公园的背景有何特殊，两个年轻人都穿着长风衣，陈芳允在风衣里面穿的是西装，而秦诒纯的领口露出了军人的领花。秦诒纯后来成为中国电子学会生物医学电子学学会主任委员，中国生物学工程学会副理事长，生物电子学高级工程师，是中国生物电子学的带头人，我国第一位女登山运动员潘多登上珠穆朗玛峰时佩戴的心电遥测仪就是他主持研制的。

另一张照片，陈芳允还是穿了件风衣，但背景显然是在船上。这是那艘81000吨、战时曾经一次性搭载一个整师兵力的“玛丽皇后”号吗？

在Cossor，陈芳允是领工资的。第一个月的工资发下来，陈芳允掂量着那沓子“Pound”，想起了那位在重庆大雾街头遇到的王大全参谋，若不是与人家王大全参谋的巧遇，他也许就错过了留英的机会。为了报答王大全这个并不是太熟的熟人，他用第一个月的工资买了一辆自行车，海运邮寄给了王大全，作为报答。

工作之余，陈芳允挤出业余时间，去伦敦的大学听课。他还差点成为写出《中国科学技术史》的大学者李约瑟先生的学生。

这故事，却要从丘吉尔首相的一顿饭说起。

一天，陈芳允翻看一张英国报纸，上面登载着丘吉尔先生在某个大饭店就餐的消息，报道还列举了餐桌上的道道名品佳肴，看上去开销不小。陈芳允看后，心中不快，当即拿起笔给英文报纸《News Chronicle》(《新闻纪事报》) 写了一封信，直言不讳地说：战争刚刚结束，战争创伤尚未医治，普通英国人的生活非常艰苦，食物要凭票供应，主要食材就是土豆。你丘吉尔先生作为英国人民的领袖，难道不应该和人民同甘共苦，共渡难关？

没想到几天后，《News Chronicle》竟全文登载了陈芳允的来信，还特意在文章左上角配发了一幅漫画，画面上画了一个拉黄包车的中国车夫，车上坐着的大胖子正是丘吉尔大人。

更让陈芳允没有想到的是，这封中国青年的信在当时的英国舆论界引起强烈反应，连大名鼎鼎的生物化学和科学史学家李约瑟博士（Joseph Needham，1900—1995）都看到了。一年多以前，李约瑟博士曾在伦敦发表题为《战时中国的科学与生活》的广播演讲，为中国呼吁国际援助，促使英国文化委员会给予中国大批物资援助。对这位中国青年学子信上的观点，李约瑟深有同感，还专门从报社打听到了陈芳允的地址，先是写信给陈芳允约谈，后来索性直接找上门。

李约瑟博士问陈芳允："Mr. Chen,Would you be willing to work with me somewhere(陈先生,你愿意和我一起工作吗？)？"

陈芳允又意外，又感动，当即表示："Of course, I am willing to（我愿意）！"

李约瑟和陈芳允畅谈了许久，日后彼此成为朋友，李约瑟还专门去中国驻伦敦的大使馆，请求允许陈芳允去他那里工作。假如一切如李约瑟所想,中国青年学者陈芳允将成为"李氏门人"，走上完全不同的另一条科研道路。

但很可惜，或者说也很幸运，陈芳允是作为中央航空委员会的成员被派送出国的，他在学习期满之后，必须回原处任职，陈李之约，也只好作罢。而且，陈芳允先生居英三载，并没有拿到什么学校的文凭，他的学历始终是一个清华大学的"本科生",这无论在中国的院士里,还是在"两弹一星元勋"中，都是罕见的。但对此，他却并不觉得有什么遗憾。

陈芳允晚年，对来访者说过："我很赞同钱学森同志的话：'中国人是很聪明的。中国人并不笨。外国人能干的，中国人不但照样能干，而且会干得更好'。"

他还说："我在英国的时候就想，在当时，中国人之所以还造不出先进的电视机或雷达，并不是人不行，而是社会环境不行。是社会长期动乱造成了我们的落后。我们的科技人员工作、生活条件与国外科技人员没有办法比。我们环境动荡，居无定所，生活和工作条件差，还要经常受到失业之苦，经常要为自己的生存而奔波。从社会整体环境上看，也没有一种发展科学技术的氛围，缺乏全社会的重视与支持。如果这些条件都具备了，中国人肯定比外国人干得好！”

其实，陈芳允一直关注着他的故国，越是临近留英学习期结束，陈芳允对国内形势的担忧越重。国共之间的战争已经全面爆发，国内政治、经济、社会、教育陷于一片混乱。放开其他不说，就说他所敬重的那些先生师长的情况，就足以让他忧心忡忡，悬心切切。

——1946 年 7 月 11 日，中国民主同盟早期领导人，杰出的社会教育家、与陶行知先生共办社会大学的李公朴先生，在昆明被特务开枪杀害。

——1946 年 7 月 15 日，在陈芳允母校清华和西南联大任教的闻一多先生，在主持李公朴先生追悼会和记者招待会后，也遭杀害。

——1946 年 7 月 25 日，好友陶晓光的父亲、著名教育家陶行知先生因长期劳累过度，于上海逝世，享年仅 55 岁。

——1948 年 6 月 18 日，曾在国文课上给过陈芳允深刻教导、备受他敬重的朱自清先生，签名于《抗议美国扶日政策并拒绝领取美援面粉宣言》之上，嘱告家人不买配售面粉，始终保持着一个正直的爱国知识分子的气节和情操。而朱先生原本就不健壮的身体正饱受饥饿病痛的折磨，师母陈竹隐和八个孩子也都在挨饿度日，到陈芳允匆匆航渡回到祖国后不久的 8 月 12 日，朱先生因严重的胃病发作，竟一病不起，溘然长逝，享年仅 50 岁。

陈芳允所熟知的清华物理学系任之恭教授，1946 年就已出国从事研究工作；吴有训教授也在美国哈佛大学和麻省理工学院做访问学者；萨本栋教授去了厦门大学，但听说重病在身，时日无多，转年就在美国加州医院逝世，年仅 46 岁。就连他的同窗好友王天眷，此时也不在国内，而在美国俄亥俄州立大学继续攻读物理学……

伦敦无线电研究室向学问扎实、工作能力极强的陈芳允发出了邀请，答应给予优厚待遇，研究室主任贝尔先生也极力热心地挽留他。

但是，陈芳允难以割舍他的故国，1948 年 5 月，他毅然踏上归国的航程，经过漫漫航途，在上海离船登岸。

——故国，有爱人的热泪，儿子的笑脸；

——故国，有熟悉的山河，陌生的战云；

——故国，有混乱的政局，飞涨的物价；

——故国，让这位远方游子何以面对，何以亲近？

上海，不再是 1931 年他初到浦东中学读书时所见的上海。上海，浸泡在一片金融恐慌之中。

1948 年上海物价有多夸张？多离谱儿？有一些历史资料显示：

1个烧饼3万块，1碗面条20万，1石大米5800万。连路边的乞丐，都不收面额1000元以下的钞票。

法币的发行量也在以惊人的速度增长，到了1948年8月，发行总量已经达到了660万亿元，单张面额500万元的法币也赫然问世。

随着法币的泛滥，物价也如同脱缰的野马一般飞速上涨，法币如同废纸一般，百元纸钞被当做冥币或者手纸。

另据后来栖居台湾的著名作家王鼎钧先生用亲身经历做出的描述：

餐馆卖酒按碗计算酒钱，第二碗价钱比第一碗高；一杯茶去时卖八万，回时卖十万。买一斤米，钞票的重量要超过一斤。银行收钱不数多少张，而数多少捆。

按照规定，陈芳允要回航空委员会报到。国民党空军总司令周至柔也是台州临海人，和陈芳允算是“小同乡”，在战事紧张、急需人手的情况下，周至柔希望陈芳允马上去江湾军用机场去工作。面对这样的“重用”，和有可能背靠大树、夤缘攀升的机遇，陈芳允断然拒绝了：

1948年5月回到上海，那时成都无线电厂已经没有，厂长李敬永在上海搞了个无线电研究室，只有几间空房子。航空委员会叫我到上海（那个机场我忘了）机场去工作，我不愿为国民党打内战，和爱人带着孩子回了老家。回到上海，被记了一个大过。以后，还是李敬永把我调到他的研究室。到48年10月初，正是淮海战役激烈时，航空委员会又要调我到南京去，我不愿去。

此去南京，一个怀揣“科学救国”理想的青年科学家，就将被绑上国民党的战车，成为一个不可救药的政权机器上的一枚锈螺丝钉，甚至会成为一具为政治僵尸殉葬的炮灰。对此，陈芳允非常抵触。如果说他自小受家庭影响，就有一种隔绝官场、远拒权势、疏离政治的倾向，那么现在，“政治”已经无法“疏离”，“政治”这把大铁锤子，就悬在他的头顶，逼着他做出选择。

陈芳允每天都从报纸上读到战事的进展——

——战报：1948年9月12日，辽沈战役开始。

——战报：10月15日，解放军占领锦州。

——战报：10月19日，解放军占领长春。

——战报：10月20日，南阳解放。

——战报：10月22日，郑州解放。

——战报：10月30日，本溪解放。

——战报：11 月 2 日，历时 52 天的辽沈战役以人民解放军的全面胜利宣告结束，国民党军的 1 个总部、1 个边区司令部、4 个兵团部、11 个军部、33 个整师又 16 个团（内 1 个军起义、1 个兵团部并 1 个军投诚），共 47 万余人，全部被歼灭。

——战报：11 月 6 日，淮海战役正式开始，以徐州为中心，东起海州，西迄商丘，北自临城（今薛城），南达淮河的广大地区，一场国共双方投入空前兵力的战役大决战，就此开始……

怎么办？南京，陈芳允是绝对不会去的。

但国民党势穷政凶，在国民党统治区抗命不遵，随时会被安上"通共"罪名，随时有被抓进监狱，甚至掉脑袋的危险。妻子沈淑敏当时不在上海，但日日夜夜担心着丈夫的安危，陈芳允又何尝不担心自己的处境会给妻儿老小带来不可估量的灾难后果？

"要不，还是去找陶晓光商量一下，听说他现在就在上海。"陈芳允想。

他听说陶晓光和"那边"是有联系的，还听说这位老朋友有可能正准备投奔到"那边"去。

但是，他跑遍大上海，却找不到陶晓光的影子。

"回湖州！"陈芳允觉得不能再等了，下定了离开上海的决心。

回湖州当然好，可是，怎么向南京交代？

陈芳允苦思冥想，终于想出了办法，只不过这办法，过于冒险，也过于残酷。

陈芳允回忆说：

跑回湖州我爱人家，请岳父（医生）替我脚上造了个假伤。

在给王克宬的信中，这段经历写得稍微详细：

十月里的某一天下午，南京航空委员会来了一个电话找厂长，他不在，正好是我接的。电话中说，就是要找你，叫你快些来南京做空军无线电指挥联络的工作，并说战事紧张，必须立即就去。接了电话以后，我知道两条道路的选择很明确地摆在我的眼前，而且必须立即做出抉择。这天下午我立即做出了绝对不为国民党打内战（正好是淮海战役时期）的决定。而且想出了办法，趁厂长不在，我出去搭上长途汽车，回到爱人沈淑敏所在的湖州（那时她还带着孩子在湖州一个中学教书）。我岳父是老医生，我们商量了一个办法，是拔去左脚大脚趾的指甲（整个），造成一个血肉模糊而且是无法走路的样子。第二天早上我瘸着腿回到上海，住进了一个小医院，打了个电话给厂长。他来看我一次（我看他心里是明白的），说：既然不能走，就搬个正式的医院吧。

就这样，我留在了上海。

陈芳允的岳父，是早年就读于东吴大学的湖州著名医生沈阶平先生，当时在湖州福音医院做院长。这位可敬的老医生及其一家人的故事，值得用另一部书去书写。特别是他的次子、沈淑敏的哥哥沈福彭教授，是一位身患脊椎结核而侥幸痊愈的人，曾卧床达四年之久，最终能战胜病魔，先后在东吴大学、燕京大学、爱丁堡大学、布鲁塞尔大学曲曲折折地完成了学业，然后归国在多所大学和医院工作，最终执教于青岛大学医学院。他在自知生命不永的时候，详细记录了自己病残之躯的身体变化状况，写成《我的病节重点》，以作为难得的医学观察记录，然后毅然决定，将自己的遗体捐献给医学院，让自己的遗骨为祖国的医学事业作最后的贡献，至今，沈福彭先生的遗骨还陈列在该医学院的陈列室里。著名作家秦牧先生用诗的语言，动情地为沈福彭先生写下了《献词》："他生前叮嘱献出遗骸，制成骨架标本在这里陈摆。玻璃柜里是他特殊的坟，玻璃柜外是他浩瀚的爱……"沈福彭的女儿沈华说：在父亲的感召下，"我们一家有四人捐献了遗体，我的两个姑姑沈淑敏（陈芳允的夫人）、沈淑瑾（儿科专家、曾任人大代表），小姑夫李正理（生物学教授、植物学家）也把遗体捐献了出来……"

笔者仅仅看到过陈芳允留英时寄信给岳父沈阶平时用到的一个信封，上面的收信人是"Dr. K.P.Shen"，即沈阶平医生；地址也正是："Ma Churn Lane ,Hu Chow,CheKiang,CHINA"，即沈家居住地——中国浙江湖州马军巷老宅子。

陈芳允从偷跑回湖州，到做完手术，再一瘸一拐连夜返回上海，这一切仅仅发生在一天之内。后来他揣度，如果当时不是果断地“出此‘下’策”,一旦去了南京,不但生死未卜，即使侥幸活下来，还很有可能被裹胁到台湾，就此，会走上另一条人生道路。

到 1948 年的 12 月，养好伤的陈芳允离开了那个无线电研究所，在上海找了一个新的落脚之处——中央研究院生化研究所,收留他的研究所所长叫冯德培,也是台州临海的同乡。陈芳允回忆：

> 我出院后和中央研究院生理生化所所长冯德培联系，他是浙江台州老乡，在英国时遇到。他是研究神经电生理学的科学家，需要一个电子学的帮手，叫我去他所当了技正。

所谓“技正”，是在民国时期置设的一种官职称谓，国民政府在交通、铁道、实业、内政部（会）及省（市）政府的相应厅（局）中,大多置此职务,以办理技术事务,它在部（会）中，职位次于“技监”，在厅（局）中为最高官职。

正是这位冯德培先生（1907—1995 年），让陈芳允渡过了人生的一道险关。冯先生是神经生理学家，中国科学院生物学部主任委员（院士）、原中央研究院院士、美国国家科学院外籍院士、第三世界科学院院士、英国伦敦大学学院院士、印度国家科学院外籍院士，神经肌肉接头研究领域国际公认的先驱者之一，中国生理学、神经生物学的主要推动者之一。1955 年，冯先生选聘为中国科学院学部委员（院士）；1958 年，任中国科学院生理研究所所长；1981 年 5 月，任中国科学院副院长。他在肌肉和神经的能力学、神经肌肉接头生理学、神经与肌肉间营养性相互关系的研究方面取得了开创性的成果。在创建和领导中国科学院生理生化研究所、生理研究所，培养中国生理学人才，发展中国与国际生理学界的学术交流以及促进中国生理科学的发展等方面，作出了重要贡献。

也许冯先生的另一个重要贡献，就是留下，并保护住了陈芳允。

1949 年，是中国历史的一道分水岭，也是中国知识分子的一道分水岭。

留下，不弃父母家邦；还是走，追随国民党政权东渡台湾，或者远去香港、欧美？

这又是一个可以用一百部大书来描述的历史过往。

国民党政权展开了一场名为“抢救大陆学人”的挣扎，蒋介石的指令是：此计划中以下学人必须“抢救”出来经南京送赴台湾的：

一是大陆各大专院校的负责首长；

二是原中央研究院院士；

三是因政治原因必须限令离开大陆的高级知识分子；

四是在国内外学术上有杰出贡献者……

负责“抢救行动”的专门小组很快拟定出“抢救”的名单，

名单上几乎全是清一色当时国内卓有成就的杰出知识分子。

中国共产党和各民主党派，也相应开展工作，为即将建立的新中国留下学术精英和建设人才。

有人走了，有人留下，当时中央研究院的院士有 81 位，留下的，有 60 余位，其中就有那位冯德培先生。

据说，1948 年 12 月初，解放军大军已经将古都北平团团围困，但蒋介石还是亲自下达手谕，派空军的飞机冒着解放军的炮火飞抵北平，至北平南苑机场待命，随时准备把被“抢救者”运往南京。但 5 架飞机抵达机场，却应者寥寥。12 月 14 日，“抢人”的飞机在北平南苑机场等候了两天时间，才有胡适、陈寅恪、毛子水、钱思亮、英千里、张佛泉等著名教授登机，大部分机舱座位都空闲着。12 月 21 日，第二批被“抢救”的也只有清华大学校长梅贻琦以及李书华、袁同礼、杨武之等二十几位教授。飞机飞往南京时，机上有不少空位，同机抵达的学人不多，却下来许多不相干的人，甚至还有某人家里的“老妈子”也跟来了。

闻此情景，蒋介石喟然长叹，几乎垂泪。他知道人心丧尽，大势已去，懊恼之余，不得不停止飞行“抢救”。

1949 年的新年，是在隆隆炮声中度过的。陈芳允写道：

> 上海解放前夕，在地下党的领导下，参加组织维持秩序的革委会，同时劝阻中研院科技人员不要去台湾。

1949年，陈芳允33岁，他人生的前33年，历经曲折，一次次偶然的际遇、一次次意外的转折，一次次艰难的选择，始终伴随着他的生命之舟，风里驶来，浪中驶去。

1949年，一个新的开始。其实就陈芳允个人的人生事业而言，从这个时候，才算真正的开始。

1949年，在未来的整整半个世纪中，他将为他的祖国贡献出所有的智慧和力量。

1949年，云雾散去，宇宙、银河、星空，正在他的头顶铺展开来，那深碧无垠、那辽阔空明，那奥秘无穷，都在等着他——一个星河对话者的到来。

从脚下新生的共和国的土地，到达遥远的宇宙星河，这个物理距离或许可以衡量，而对于人生旅程，却充满了未知，充满了我们急于知道且不该被遗忘的故事……

第四章

从大地到星河

又到了我们拨转时间指针的时候了，这一次的“拨转”，要“定位”于两个年代——20 世纪 70 年代和 2011 年。

20 世纪 70 年代，一项神奇的科技成果，像是神秘之树上唯一的“金苹果”，正在悄悄长成。

它像巨人，也像精灵；

它在太空，也在大地；

它是福音，也是咒语；

它，就是那个突然被神秘之手捧到人间的“潘多拉魔盒”，而且正在大洋彼岸徐徐打开。

它的名称，叫“全球定位系统”，也许它的英文缩写更广为人们所知——GPS。

毫不隐讳地说：“全球定位系统”（GPS）研制者的初衷，

就是优先考虑为美国军方服务，在这个系统最初的设想中，美国人将在人类头顶上空约2万公里处的中地球轨道，部署由24颗卫星组成的GPS系统，由地面站对这些卫星的信息数据进行捕捉、处理、解码，并将有关信息发至用户终端机。这样，GPS将给全球用户提供准确的定位、测速和高精度的时间标准。

GPS的出现和全球应用，改变着人类的生活方式，很快，就进入到了我们的日常生活之中，成为“不可或缺之物”——飞机、汽车、船舶用它来导航；公安、金融、消防部门用它来监控、报警；节假日驾车出游旅行，也要它来导航、伴行……

有人认真地说：这就是人类开启“新纪元”大门的那枚钥匙。

有人开玩笑地说：人类终极的哲学问题是“我是谁，我从哪儿来，我向何处去”，已经被GPS轻轻松松地解决了后两个。

而就在GPS的触角和神经逐渐遍布全球各个角落的时候，一种不安，一种担忧，一种“痒”，也开始慢慢出现。而且这种不安和担忧，完全基于科学、技术、理性，甚至国际政治与国家战略的思考，绝非杞人忧天式的庸人自扰。

2011年，《中国新闻周刊》发表了一篇名叫《北斗记——探秘中国北斗卫星导航定位系统》的文章，描述了人们的忧虑：

假如在关键时刻美国人关掉GPS，或者在上面“动点手脚”，我们的战略武器怎么办？我们的飞机怎么办？我们的路痴们怎么办？事实上，这已经不只是想象与担心，而是已有先例可循——1996 年台湾海峡局势紧张的时候，中国军队的一次大规模军事演习便曾受到过 GPS 信号中断的干扰。

中国科学院院士杨元喜在接受《中国新闻周刊》记者采访时说：

“他们干扰你一下，在你的上空加一颗卫星，让你打不准，或者让你根本就收不到信号，这是可以做到的。”杨院士进一步指出，中国在这方面的安全隐患非常明显，“我们的电力部门用的是 GPS，我们的银行体系、交通体系、电力部门、网络部门、Email 用的全是 GPS，只要美国人稍微做一点手脚，我们的系统就可能全部瘫痪。更不用说是战略武器，只要人家把时间稍微调整一点，我们的武器就可能同步不起来，会造成巨大失误。”

潘多拉魔盒已经打开，这样的担心，绝非中国所有。正是基于上述担心，世界各大国与国家集团几乎同一时刻开始考虑对策。

紧接着，俄罗斯忙着打造他的“格洛纳斯”（GLONASS）；

欧盟忙着打造他的“伽利略卫星导航定位系统”（GALILEO）；

翻着筋斗飘荡在空中的潘多拉魔盒不再是一个，而是多个，平静的太空、遥远的星河，从未如此引人关注，并引发了一场基于科学精神、技术能力和战略意图的无声较量。

这种紧迫的形势下，中国的科学家在考虑什么？

陈芳允在考虑什么？

《北斗记》的描述是 ："从上世纪 80 年代末开始，未雨绸缪的中国科学家们也开始致力于研制中国自己的'GPS'。当时，经济基础薄弱的中国，太空梦想还很微小和低调。这个被命名为'北斗'的计划，诞生之初并未着眼于全球。"

循着文章的描述，我们再一次在中国科技发展的关键时刻、再一次在中国科学家队伍的最前列，看到了陈芳允先生的名字。

这个名字和一个全新的科学概念连在一起——"双星定位理论"。

文章写道 ："最初，中国科学家陈芳允提出了与 GPS 不同的'双星定位理论'，用以解决在资金困难时期构建宏大系统的难题。'北斗'这一宏伟计划，就这样在总参测绘局招待所三层一间狭小的办公室里悄悄开始了。凭着中国人的探索精神与务实态度，北斗计划历经周折，厚积薄发，终于，在 2000 年，第一颗'北斗试验卫星'得以发射进入太空轨道。"

这篇报道发表的时间，还是 2011 年 1 月 1 日，当时记者透露 ："时至今日，'北斗系统'已经成功发射了 7 颗卫星，梦想也在逐渐丰满壮大。根据当前的计划，北斗系统预计到 2012 年共发射 12 颗工作卫星，完成服务范围覆盖亚太地区的目标。”记者还罕见地透露：“预计在十年之后——2020 年，北斗将发射 5 颗静止轨道卫星和 30 颗非静止轨道卫星，成为一个向全球提供服务的卫星导航系统。”

“北斗卫星导航系统”（Beidou Navigation Satellite System，简称 BDS）是中国自行研制的全球卫星导航系统，也是继 GPS、GLONASS 之后的第三个成熟的卫星导航系统。北斗卫星导航系统（BDS）和美国 GPS、俄罗斯 GLONASS、欧盟 GALILEO，是联合国卫星导航委员会已认定的供应商，全球范围内已经有 137 个国家与北斗卫星导航系统签下了合作协议。随着全球组网的成功，北斗卫星导航系统未来的国际应用空间将会不断扩展。

笔者开始为撰写这本《陈芳允：对话星河》开始搜集资料的时间，已经是 2020 年底。这年的 6 月 23 日 9 时 43 分，第五十五颗北斗导航卫星（即北斗三号最后一颗组网卫星）在西昌卫星发射基地点火发射成功，标志着北斗三号组网圆满收官。

这一宏伟计划的实现，已经和正在被人们书写、传颂，从距我们格外遥远的先驱者们对“灯塔计划”的大胆构想和未果而终，到陈芳允创造性地提出“双星定位系统”概念，从“北斗一号系统”的从无到有，到“北斗二号系统”完成并正式提供区域服务，再到“北斗三号”组网的胜利完成，再到笔者正式动笔完成《对话星河》时的2023年5月17日，我国北斗三号工程的首颗备份卫星——第五十六颗北斗导航卫星搭乘长征三号乙运载火箭成功发射，中国人自主完成了“叩问苍穹”的伟大工程、实现了“覆盖大地”的伟大梦想，这支交响曲何其恢弘豪壮、何其波涛激越？这也许需要历史来做判定。

采访用心的《中国新闻周刊》记者同行，盯上了前面提到过的“总参测绘局招待所三层”那间“狭小的办公室”，它的位置靠近北三环，在高楼林立的北京，它太“不起眼儿”了。但正是这个简陋狭小的“游击队”办公室，见证了中国航天事业的理想与挫折、艰辛与荣耀。

那间“游击队”办公室，写下了那支交响曲最初的音符。卜庆君将军是1939年生人，接受《中国新闻周刊》采访时，这位已从工作岗位上退休的老军人年过七旬。他珍藏着一个半旧的本子，在记者面前小心翼翼地翻开，拿出夹着的一页报纸，“你看看这是不是美国和中国谈判的那一篇？”这些剪报都是关于北斗导航卫星的报道，卜将军把它们一一剪下，珍藏起来。作为“北斗”项目的创始人之一，他对20多年前的往事记忆犹新。

那是1985年4月15日到18日，卜庆君受邀参加了在华盛顿举办的“GPS全球定位系统国际运用研讨会”。出发前，学天文大地专业的卜庆君已经了解了一些GPS的功用和发展情况。但是，外国专家在会议上的发言还是不由得让卜庆君绷紧了神经。

美国的 GPS 系统诞生于 1973 年,由美国国防部组织研发。在那次研讨会上，除了介绍 GPS 的前景和用途，美国军方还有意识地告诉与会者，GPS 的编码分为军用和民用两种。在特殊情况下，为了保证国家安全，军方会采取三种措施应对紧急状况：

第一，降低对方的导航精度；

第二，随时变换编码；

第三，进行区域性管理。

也就是说，通过以上三种方式，美国军方可以限制国内外用户对 GPS 的使用。

卜庆君回忆道：“这些都是在会议上公开说的。我了解这些之后,就觉得如果我们依靠这个,那我们不是要受制于人吗？”

会议之后，卜庆君立即着手撰写了一份报告，其中写道，“对于 GPS 的发展和应用，要跟踪研究，与此同时要发展中国自己的卫星导航系统。”

但具体怎样开展研究，毫无头绪。

就在同一个月，卜庆君受邀参加了国内一个学术研讨会。与会报告人中，有个年近七旬、背微驼的老科学家，他的发言声调不高,语速也不快,但却清晰直切、振聋发聩。他提出：“利用两颗卫星，就可以解决地面定位问题。”

这位中国科学家，正是陈芳允先生。他提出的这个听来十分新颖的理论，后来有了一个响亮的名字——“双星定位理论”。

坐在会场里的卜庆君突然意识到：这位陈芳允老先生提出的这个“双星定位”，不是正可以用来开展中国导航系统的研究吗？

他找到时任国防科工委副主任的沈荣骏，讲述了自己的想法。

沈荣骏对陈芳允太熟悉了，早在中国航天事业的起步不久的 1967 年，他俩就相识了，后来科研体制改来改去，沈荣骏和陈芳允多次一起工作。沈荣骏还清楚地记得在条件简陋的某基地，“当地领导给陈先生分了一间房子，没有任何的特殊待遇。我当时是在基地的航测处当副处长，因此跟他有很多交往。以后他到测通所，我两个开始都是副所长，后来我当了所长，我们就更在一块了……他是我的长辈，因为他比我大 20 岁；他是我的老师，因为我向他学到了很多东西；他是我的挚友，我俩私交很好，可以无话不谈……”

卜庆君向沈荣骏提出自己的想法，两人一拍即合，沈荣骏马上介绍卜庆君去找陈芳允，当面谈。

卜庆君直接敲开了陈芳允的家门，说明自己的来意。

陈芳允静静地听，不插话，待卜庆君说完，才告诉他：“其实，从 1983 年开始，我们自己已经研究两年了。”

作为著名的电子学专家，陈芳允和其他同事两年来的研究，成为了日后“北斗计划”的奠基理论。陈芳允向卜庆君介绍了对此理论有所研究的科学家们，不久，卜庆君他们把“各位大神”都请到了一起,开了一次“神仙会”——理论说明会。“大家都觉得可以，我们就决定开始筹备可行性论证。”卜庆君说。

第二年 3 月，卜庆君起草报告，请求国家启动双星定位系统的研究。一个月后,由国家主管部门召开了可行性论证会。这次论证会和上次的“神仙会”可不一样，“参加会议的人还真不少。铁道部、电信局、交通部、林业局都去了。”卜庆君说，“但是，支持得很少，还是泼冷水的多。”

人们提出了三个质疑：

第一，既然有美国的 GPS 可用，为什么我们还要另搞这个双星定位?

第二，我们的技术水平能否达到?

第三，我们有没有这个经济实力?

“大家说的确实都是现实问题。从这开始到后来的很多次讨论，都有不同意见。现在回头想想，我很感谢这些意见，让我们必须很谨慎。”卜庆君说。

与会者的质疑并非没有道理。美国 GPS 系统自 1973 年开始研发，已经耗费上百亿美金，并且承诺向全球提供服务。而 20 世纪 80 年代的中国，走出“文革”尚不足十年，改革开放刚刚起步，国民经济仍在艰难中运行发展，科技能力、科研力量和要命的科研经费，都不足啊。

开会啥意思?

就是要讨论、就是要争辩，就是要各执一词，坚持真理；

各抒己见，彼此倾听；各方协调，统一思想；各出力量，共谋大事。

最终，与会者从国家战略和特殊时期国家安全的高度，统一了思想，认识到了自主研发卫星导航系统的重要性，以及卫星测量手段对国防建设、科研建设的重要意义。很快，参与研发的团队列出了 17 项重大原始试验专项。

北斗卫星导航系统工程总设计师、被誉为中国“卫星之父”的科学家、“两弹一星”元勋孙家栋，对“北斗”有更为风趣的描述，他说：“其实，卫星就相当于以前打仗时候的‘消息树’。在一个高地上种棵树，有日本鬼子来了，人们就把那棵树拽倒，另外一边的人就都能看见了。”

“这就是信息传递。卫星另外还有两个功能，即信息获取和导航。”孙家栋郑重地补充。他讲道：

> 卫星导航是这些用途中最为复杂的问题。根据科学家的计算，如果围绕着地球发射 24 颗卫星，形成三个不同的轨道面，编织成一个网络，那么无论何时何地，人们都能同时看到四颗星。美国 GPS 系统的研发，就是依据这个原理。而与此不同，我们中国的科学家陈芳允所提出的，是“双星定位”，就是只用两颗卫星，即可完成最基本的定位功能。

“这是根据中国自己的需求和经济实力设定的，”孙家栋说，“当时的中国刚刚改革开放，经济实力不够。而且，当时也不需要设计出针对全球的系统。”

中国的“北斗”，就这样开始被“打造”。

陈芳允的“双星定位”理论，是这项伟大工程的奠基性理论。

当然，这不是陈芳允第一次“对话星河”了，他与天空的故事，他在茫茫星河中的搏浪而行，比这些来得更早，过程更艰难、也更传奇。

…… ……

无论我们怎样试图“拨动”时间的指针，时间还是按照自己的节律运行。时间没有黑洞，没有加速，没有跳跃，没有省略，所有分分秒秒的细节，组成了生活于其中的世事与人生。

笔者有幸看到了一张中国科学院办公厅调函副本的影印件，编号“（52）院人字第 4255 号”，竖排版，繁体字写成：

事　　由：調陳芳允同志來京籌備電子學研究所。

主致機關：上海辦事處

抄致機關：生理生化研究所李亞農副主任

茲為進行“電子學研究所”籌備工作，需要調生理生化研究所陳芳允同志前來辦理，即請轉知陳同志即日來京為荷！

函件的签发时间，是 1952 年 10 月 11 日。

新中国成立后，陈芳允原来供职的“中央研究院”加入改组到“中国科学院”，并在上海成立了分院。陈芳允积极投身到新中国的建设中，他参与了工会的组织工作，并出任上海分院的工会主席。此后，他还到了北京，进入设立在西苑的革命教育大学，参加了大约半年的马列主义学习。

他在清华大学读书时的老师吴有训先生，于 1948 年底自美国访学回国，出任了交通大学教授。1949 年 5 月 12 日，中国人民解放军发起上海战役，至 5 月 27 日，上海宣布完全解放；6 月初，刚刚迎来解放的上海科技界，召开上海科技界团体联合会，推举吴有训先生为主席；6 月中，上海军事管制委员会任命他为国立交通大学校务委员会主任（相当于校长），主持交通大学的教学恢复工作；9 月，吴有训先生作为上海科技界的代表，前往北京参加中国人民政治协商会议第一届全体会议。1950 年 1 月，他又出席中国科学院研究计划局召开的近代物理座谈会，讨论并参与了中国科学院物理科学相关机构的调整和设置问题；5 月，中央人民政府正式任命吴有训先生为中国科学院近代物理研究所所长。在物理所百废待兴的时候，吴有训想起了他那位话语不多但勤奋肯干、理论功底和实践能力都很强的学生陈芳允。

陈芳允回忆道：

1952 年夏，中国科学院吴有训副院长嘱，筹办

> 电子所。
>
> 1953 年，筹备已有一定基础，但因当时科学院拟首先建立原子能方面的研究机构，负责人钱三强同志知道电子学对于原子能研究非常重要，故院里决定将电子所并入钱领导的近代物理所，为原子研究服务。但钱同意在所里同时发展电子学方面的基础研究。

陈芳允到北京开始工作时，是任中国科学院电子所筹备处副主任、中国科学院物理研究所研究员、研究室主任。这段时间，夫人沈淑敏也进入中国科学院工作，她先是在中国科学院上海实验生物所任助理研究员，主要从事细胞生物学的研究；此后就开始随贝时璋先生创建了中国科学院生物物理研究所，先后担任副研究员、研究员。她有一项研究特别有趣，就是从没人重视的“花生衣”中，提取一种药剂；她还是中国谷维素的发明人。

其实在陈芳允自述的简略文字下，还掩藏着更多的故事——

钱三强和陈芳允，都是吴有训的学生，他俩还是浙江同乡，同是清华物理系“黄金十年”的“产品”——钱三强、王大珩、于光远他们，是清华物理学系第八级的毕业生，陈芳允和王天眷是第十级的毕业生。钱三强的本名，原来叫钱秉穹，父亲就是北大教授、中国现代思想家、新文化运动的干将钱玄同先生。据说有一次，有个同学给钱秉穹寄来一封信，上款是“三强”，落款是“大弱”，钱玄同先生这么大的学问，却破解不了其中含义，就去问儿子。钱秉穹笑着解释说：“我们三个同学，平日最要好，我个子最矮，但身体最强壮，所以叫‘三强’；来信的同学个子最高，身体最弱，所以叫‘大弱’。”钱玄同听了觉得非常有意思，索性劝儿子正式改名为“三强”——德智体，都要强。钱玄同先生还送给儿子一个很怪的条幅，上写“从牛到爱”——无人知晓是何用意，其实，钱玄同先生是对就读清华物理系的儿子有所期望，希望他努力学习，成为比肩“从‘牛顿’到‘爱因斯坦’”的所有科学家的国家栋梁之材。

钱三强从清华大学本科毕业后，经吴有训教授推荐，到北平研究院物理研究所严济慈所长手下作助理员，从事的是分子光谱方面的研究工作。随后又在严先生的引荐下，去往巴黎大学镭学研究所居里实验室攻读博士学位，钱三强在巴黎大学的导师不是别人，正是1935年诺贝尔化学奖得主伊雷娜·约里奥·居里（1897—1956）——玛丽·居里夫人的女儿。钱三强是中国最早接触、研究核物理的那批科学家之一，曾随化学师葛勤黛夫人做钋的放射源研究，还在伊雷娜·居里老师的丈夫——让·弗雷德里克·约里奥·居里先生主持的法兰西学院原子核化学研究所学习。1939年，钱三强完成了题为《α 粒子与质子的碰撞》的博士论文；第二年获得法国国家博士学位；1946年底，获得法国科学院亨利·德巴微物理学奖；1947 年，升任法国国家科学研究中心研究员、研究导师，并获得法兰西荣誉军团军官勋章。

钱三强是 1948 年初夏带着襁褓中的婴儿，乘船回国的，当时他放弃了法国良好的研究工作条件和优渥待遇，接受了北平几所大学和中央研究院的邀请，进入清华大学物理系教书，在此期间，兼任北平研究院原子学所所长。1950 年 5 月，中国科学院近代物理研究所成立，钱三强担任副所长。

钱三强任职的这个近代物理所，此后名正言顺，就叫原子能研究所，搞的就是原子弹。作为一位著名的物理学家，钱三强不但清楚核物理——原子弹，对一个新生的社会主义大国的战略性意义，这样的核力量建设，就是为刚刚走完近百年苦难历程的中华民族，打造“核盾牌”“核长城”！而要打造这具“核盾牌”，筑起这座“核长城”，不仅需要核物理学的科研力量披荆斩棘、勇往直前，还需要各个相关学科的通力协作，特别是清华老同学陈芳允从事的电子学研究，将为中国的核物理研究和原子弹研制，提供巨大的助力和支撑。钱三强去苏联访问了一次，回来更坚定了他的想法。未来的研究中，怎么能不用到电子加速器？怎么能不涉及射线测试？这些，都离不开电子学的配合。他由此有了把原子能研究和电子所纳入同一机构的想法。

可此时陈芳允组建的电子所，已经初具规模，聚集了顾德欢、马大猷、孟昭英等一大批电子学的精英，一个学科、一个研究所的建设，自有自身的规律，一时“转轨”到原子能所，自身的研究很可能会受到影响。

据说有一天，吴有训先生把两个学生叫到一起，吴先生说：你们谁的“说客”我也不做，听你们俩“舌战一儒”！

师生三人间的谈话，外人无从知晓，笔者也无意做“文学化”的演绎。1998 年，陈先生的身体大不如前，但他还是认真地回忆起这段经历——

> 我在 1952 年受中国科学院吴有训副院长嘱托，开始筹建电子学研究所。1953 年秋天，钱三强从苏联回来，他为研究原子能办起近代物理所（后改为原子能所）。钱三强知道原子物理研究工作离不开电子学，例如加速器、射线测试等，都要有电子学知识的人来做，提出要我们到他们所去一起干。我则认为电子所筹备近一年，已具备一定的人员和仪器规模，停止了筹备工作可惜。
>
> 那是 1953 年秋天的一个晚上，吴副院长把钱三强和我找到他家，进行协商，直到深夜。钱三强反复强调电子学对核物理的重要性。经过吴副院长的协调，最后达成一致：电子所筹备处先并到原子能所，作为其一个研究室，由我带着一部分人配合核物理方面的研究，为原子能所做工作，其他人仍继续做电子学发展几个重要方向的工作，继续筹备电子所。我们这些人不散，到一定时候再全部撤出来建科学院电子所。

这样，在 1953 年年底，我们并入了原子能所。

1956 年，在十二年科学规划后，中国科学院实施“四项紧急措施”，组建电子所、半导体所、计算机所和自动化所。钱三强信守诺言，同意我们从原子能所撤出来，他仅仅留下了两个人。钱三强是一个很值得人们敬佩的人，我们都很尊敬他。

顾德欢、马大猷、孟昭英和我是电子所筹备组成员。电子所成立后，我任四室主任，主要搞电子线路的研究，对和核物理有关的电子仪器的线路研究工作仍在继续进行。

1962 年，由于核弹研究的需要，要求我们做了一台“多道脉冲检测仪”，这个仪器是用来测量射线的。如果说，我为“两弹”做了什么贡献的话，也就这么一点儿。

“就这么一点儿”，是陈芳允谈起自己工作成就时常常使用的谦辞，他稍显细致一点儿的叙述是：

我在中科院电子所四室任室主任时，主要做了这么几件事：大约是 1963 年前后，我们做脉冲的产生、放大和观测，做出了一台脉冲取样示波器，是国际上最先做成功的，参加了国际展览；接下来，我们做多道脉冲分析器……

笔者动笔写这部《对话星河》时，长达三小时的美国人物传记片《奥本海默》刚好在中国大陆院线上映，影片记述了美国的“原子弹之父”尤利乌斯·罗伯特·奥本海默（Julius Robert Oppenheimer，1904—1967）的一生，也提出了关于科学精神、科学伦理的一系列问题，很值得当代人思考。其实，中国人一直“距‘核’不远”，就拿奥本海默来说，当年与他有过交往的中国科学家就很多，比如，有奥本海默在剑桥大学时的“中国学长”叶企孙，此外，直接和间接接触的还有杨振宁、李政道、吴健雄、钱学森、钱伟长、华罗庚、彭恒武、程开甲、黄昆、杨立铭、周培源……1945 年 7 月 16 日，美国在新墨西哥州的大沙漠里进行了世界上第一颗原子弹试验；1945 年 8 月 6 日和 8 月 9 日，美空军 B-29 重型轰炸机先后把美国手里仅有的两颗原子弹，投向了日本的广岛和长崎——达摩克里斯之剑劈下，两座日本城市顿成废墟，据相关数据统计,8 月 6 日投放原子弹的当天,广岛全市 34.3 万人中就有 7.8 万余人死亡，后续陆续死亡人数高达 17 万，总计约有 24 万人因原子弹爆炸而死亡。1945 年 8 月 9 日，原子弹“胖男孩”在长崎爆炸后，全市 23 万人口中，约有 10 万人死亡或失踪；最终的死亡人数在 13.5 万人左右。

就此，“核武器”——原子弹、氢弹——两颗“上帝与魔鬼之‘蛋’”，成为人类的梦魇，成为国际竞争中的“王炸”！

首先跟上来的是苏联，1949 年 8 月 29 日，苏联于哈萨克的塞米巴拉金斯克试验场，成功爆破了第一颗原子弹 RDS-1，在西方，它的代号是 Joe-1，据说这还是参考自当时苏联的领导人斯大林的名字——“约瑟夫”之昵称。1954 年 9 月，中国国务院副总理兼国防部部长和国防委员会副主席彭德怀，和中央人民政府人民革命军事委员会副主席、国防委员会副主席、军委训练总监部部长刘伯承，率领中国军事代表团赴苏联参观有原子弹实爆的军事对抗演习。演习结束后，苏联部长会议副主席兼国防部部长布尔加宁，亲手把一个包装精美的盒子送到彭德怀手上，里面装着一把“金钥匙”——苏联飞行员投放原子弹时所用钥匙的模型。

说俄国人布尔加宁倨傲自恃，那倒也未必，但小小的得意确实写在他的脸上。据说中国军事代表团回到驻地，戎马半生、身经百战的中国将军们聚而议论，十分激烈。

快人快语的陈赓说：“光给一把‘金钥匙’，不给原子弹，有啥用？”

代表团团长彭德怀直视着陈赓：“你是哈尔滨军事工程学院院长，咱们还是要自己干！”

“自己干！”——“干”到 10 年后——1964 年 10 月 16 日 15 时，巨大的蘑菇云在新疆罗布泊荒漠腾空而起，中国第一颗原子弹爆炸成功。中国人用事实向世界庄严宣告：中国人民依靠自己的力量，掌握了原子弹技术，打破了超级大国的核垄断。这是国家国防和科学技术方面取得的一次重大的突破，标志着中国国防现代化建设进入了一个新的阶段。

在这声震惊世界的巨响中，凝聚着无数中国科学家的智慧、汗水心血，甚至生命，也凝聚着陈芳允的贡献，1956年他成功研发出了世界首创超短波脉冲测试设备，为“两弹一星”测量夯实了基础；从1960年开始，他投入论证并提出了原子弹试验用的多道脉冲鉴别器的试制方案，又用了三年的时间，和同事一起研制出原子弹爆炸测试用的“多道脉冲分析器”，该仪器在原子弹试验中发挥了重要作用。

有人说，陈芳允的“多道脉冲分析器”，为原子弹试验提供了“看见”各个爆炸数据的“火眼金睛”，填补了中国核武器试验的重要空白。1963年，他率队研发出毫微秒脉冲取样示波器，成功地应用于核爆工程分析。

作科学发展史的人评价：“两弹一星”——原子弹+氢弹、导弹和卫星，属于差异巨大的三个方向、三个科研领域，常言道“隔行如隔山”。而如陈芳允这样，一人横跨“两弹一星”的，少之又少。

走起路来步履从容，说起话来慢条斯理的陈芳允，思维的驰骋却有着风暴的速度。

风在云空中飞奔，有时会遗落自己留在大地上的影子。

但陈芳允的科研足迹，却坚实地刻写在他脚下的土地上——

1956年，陈芳允参与了国家1956—1967年《十二年科学技术发展远景规划》的讨论。

1957年，苏联跑到美国前面，发射了人类第一颗人造地球卫星。当时塔斯社的广播员播报的语气洋洋得意：“两个小时以前，苏联从本国领土上成功地发射了世界上第一颗人造地球卫星。卫星正以椭圆形轨道在离地面高达800公里的上空绕地球运行,轨道平面同赤道平面的夹角为65度。10月5日，卫星将两次通过莫斯科上空。卫星为球型，上面安装有两架无线电发射机，以便持续不断地发出无线电信号。”据说，在塔斯社发布消息前两个小时，陈芳允就在自己动手做的一部无线电接收器上,听到了“咔——咔——”的异样声响。此后，陈芳允利用无线电多普勒频率测量，并和天文台的同志一起，准确计算出苏联卫星的轨道参数。这是一次意外而成功的探险，是中国人第一次用自己的智慧完成了对人造卫星的触碰，陈芳允用最先进的科学理论、最简陋的技术设备，一举“摘星在手”。由于特殊年代的特殊原因，他的这一成果当时并未大张旗鼓地广为宣传，正所谓“危楼高百尺，手可摘星辰。不敢高声语，恐惊天上人”。但该方法的科学性、实用性得到证明，并被陈芳允不断完善，成为以后我国发射人造地球卫星所采用的跟踪轨道的主要技术。

1958年10月，陈芳允作为中方领队，参加中苏联合观测队远赴海南岛，并协助北京天文台王绶琯研究员建立了我国自己的射电天文观测实验场地。同时，他提出并开始了纳秒级脉冲采样示波器的研制。

1959年，陈芳允与蔡德孚等研制出国际首创的毫微秒级脉冲采样示波器。

1960年，参与论证并提出我国原子弹试验的脉冲鉴别器的试验方案。

1963 年，与徐建平等研制出原子弹爆炸测试用的多道脉冲分析器，交原子弹试验场使用。

1964 年，为空军研制成功机载抗干扰雷达，是我国首次在飞机上使用单脉冲体制的雷达。对于这项关系到空军战斗力发展和国土防空安全的重大发明，陈芳允仅仅记下了一句话：

> 1964 年，我们开始改进雷达，这种雷达后来在电子部投入批量生产。

须知事情远不是这么简单。

广义上说：所谓“冷战”，是从二战结束后的 1947 年就开始了，绵延半个多世纪，直到 1991 年苏联解体，才告结束。冷战期间，美国为首的北大西洋公约组织，与苏联为首的华沙条约组织，两大阵营对峙，在政治、经济、军事、科技等几乎所有方面，展开了空前的“大角逐”。而其中，又主要表现为以美、苏两个超级大国之间的军事对峙。美苏争夺，也带来军事科技领域的竞争，一场场“争抢半个身位”的明争暗斗，火星乱窜，此起彼伏。

从 1956 年起，苏联军方发现，美国空军继续入侵苏联及其他华约国家的领空，也频繁入侵中国的领空，进行侦查活动，但不同的是，美国不但开始使用无人驾驶的高空侦察机，而且机上带有能释放干扰波的特殊装置，让对方的对空雷达屏幕上，有时一片飞雪，有时横波抖动、纵波摇摆，像喝多了伏特加的醉汉，有时甚至是陷于“致盲状态”。中国军方雷达，也遇到同样的干扰波威胁——他看得见你，你却看不见他，这不是要让盲人和睁眼人拳击格斗吗？

急坏了的国防科委领导同志找到陈芳允：“陈先生，现在美机的入侵采取了新的花样，我们跟踪分析的结果是：它加装了高性能的机载电子干扰设备。我们的领空正在遭受敌机的进犯，国土防空安全形势十分紧迫，军队急需装备上一种能抗敌干扰的雷达。”

陈芳允静静地听，他似乎总是能在纷繁复杂的情况下，抓住最主要、最核心的信息。现在，他“抓”住了中国空军对新型雷达的需求：

1. 能抗干扰；

2. 能装在战机上；

3. 要快！

他说：“我想，要改变一下雷达的扫描体制，从圆锥扫描型，改用单脉冲型，雷达就不会受到干扰了。”

“行吗？”军方领导急切地问。

“我试试。”陈芳允说。

陈芳允带着团队“试”了起来，先是到空军一线机场和飞行员之间开展调研，在充分了解了空军战机的性能和实战需要后，团队很快就提出了技术方案；方案上报，得到上级批准后，他们又马不停蹄地设计出了第一台样机。样机采用了陈芳允提出的单脉冲体制，由曾宪泽设计出新的天线，然后与空军和航空部通力合作，中国第一台高性能的“机载抗干扰雷达”就以这样的速度诞生了。

雷达出。

敌机落。

长空净。

此后美机从台湾一起飞，就会被我空军牢牢抓住目标，多次被准确击落。交锋几回，讨不得便宜，敌机自此再也不敢轻动挑衅入侵之心。

据说空军领导专门把这一成果报告给毛泽东主席，毛主席批示：“这个技术很好，我很感兴趣！”

当时在很多人内心中，都称道陈芳允是位“天才”，很多国家科技方面的难题交到他手里，他总能寻找到切实可行的解决方法，这一切，得益于他始终跟踪国际科技发展的宏阔视野和敏锐目光，也得益于他求真求实、脚踏实地的诚朴性格和敢于开拓创新、攻坚克难的科学家精神。

…………

作为叙述历史的后来人，笔者似乎无法把陈芳允的故事按照自然的时间顺序，加以描述。比如卫星，比如对星河的遥望与对话，比如带有中国古典浪漫主义色彩的“飞天之梦”……我们似乎找不出一个准确的起始点，展开叙述。

也许，陈芳允本人在回忆文章中专门提到的这段往事，可以算作一个开头：

1957 年是国际地球物理年，科学院赵九章先生很早就提出能否放卫星。后来苏联放了。

我是搞电子的，对卫星发的无线电信号有浓厚的兴趣。所以苏联放卫星后，我和张志诚，还有研究室的其他几位同志，合计着能否收到苏联卫星上的无线电信号。我们开设了一个小小的课题（并非上面下达的任务），几个人一起做了一台接收无线电信号的装置。后来，搞天文的同志也加入进来了。

苏联的第一颗卫星早晨太阳没出来时能用肉眼看到，我起来看到过 2 次。我们接收到它向地面发射的无线电信号及频率变化（称为多普勒频率），并计算出它的轨道，还推测了一下它里面可能有些什么内容。

1966 年，赵九章、钱学森向中央提出搞人造地球卫星。在毛主席讲了“我们也要搞人造卫星”以后，科学院正式组织研制卫星，称为“651”工程。在此之前，科学院已经组织实施“581”任务，研制了探空火箭，它们就成为“651”的基础。在对卫星的跟踪测量方面，则于 1966 年组织成立了“701”工程处。当时，这项工作有天文、电子、光学三方面的人参加。

赵九章先生在清华做过助教。我在清华物理系读书时，他辅导过我们的实验。大约在 1966 年的夏秋之交的一个傍晚，我出家门散步，迎面碰到赵九章先生和其他几个人。他对我说，“我们搞卫星，无线电非常重要，这是重要的一环，卫星发出去后就看你们的了。”

赵九章先生，当时被任命为中国科学院卫星设计研究院院长，是中国“搞卫星”的领军大将、带头人。1999 年获授“两弹一星”功勋奖章的 23 人中，赵九章论辈分，算是很多人的老师，他 1933 年从清华毕业后，短时间在清华物理系做过助教，即陈芳允说的“辅导过我们的实验”。但不久，赵九章先生就留学德国柏林大学，获博士学位；1938 年陈芳允在西南联大期间，赵九章先生再次与陈芳允有交集——他回国后即进入西南联大，在理学院地质地理气象学系及航空工程系任教授。从 20 世纪 50 年代后期，赵九章开始了中国空间事业的创建工作；60 年代，赵九章开始气象火箭的研究，开拓了高空物理探测和探索卫星的发展方向。中国气象火箭的成功发射，中国首颗人造地球卫星“东方红 1 号”发射中使用的多普勒测速定位系统和信标机，箭头仪器舱内的各种仪器及无线电遥测系统、电源及雷达跟踪定位系统等，都是在赵九章的领导下研制的。此外，他还建立了中国第一个空间环境实验室。

赵九章先生对陈芳允的嘱托有多大分量？

这陈芳允是掂量得一清二楚的。

这还不完全是两个科学家之间的事业相托——傍晚的这次偶然见面，时间是 1966 年夏秋之际，“文化大革命”运动之火已经到处燃烧，中国的卫星还能不能上天？中国的科学事业还能不能继续按部就班发展？中国的科学家的个人命运又将如何？

从事情后来的结果看，赵九章先生对陈芳允做出的，除了事业相托，竟然也是生死相托。

赵九章先生所说的“卫星发出去后就看你们的了”，实际上就是要“看”陈芳允他们测控部门的“本事”了。陈芳允回忆说：

> 对于卫星的测控，许多工作都是大家一起做的。只是在一些方案、思路上提得多一点。对第一颗卫星来说，在测量方面，卫星发射上天后，有三点最为重要。
>
> 第一，卫星是否已经进入了运行的轨道。
>
> 第二，卫星的轨道是什么样的，是否符合预定的要求。
>
> 第三，卫星运行中，什么时间到达什么地点上空的预报。
>
> 1965年年末，科学院开过一次较大规模的会，讨论卫星的研制和测控问题，会上有些争论。在测量方面，光学观测是需要的，大家的意见是一致的，但是考虑到天气不好时光学看不到，还得有无线电测量。争论的正是无线电测量方法，特别是对入轨

点的测量。当时，苏联和美国主要是采用干涉仪。天文台的一些同志坚持要用干涉仪，电子部提议用雷达，我主张用无线电多普勒测量。最后的意见是在入轨点，光学、雷达、多普勒都用，可以说是为了保险，干涉仪则在入轨后的第一个观测站和第二圈经过我国上空时设置拦截观测，但是是试验性质。

当时对陈芳允他们卫星测控部门提出的要求，被概括成这样几个简洁有力的短句：

抓得住！

测得准！

报得及时！

还要全国人民“看得见”“听得到”——能奏响《东方红》乐曲，比苏联第一个人造卫星先进。

这些可都不是简单的要求，不要说在茫茫太空中“抓”住这个173千克的铁疙瘩，“测”出它的各种数据，就说“报的准”一项吧，任务要求“及时将跟踪测量所获信息和数据反馈给指控中心，要求精确及时地报出卫星飞经世界244个城市上空的准确时间和飞行中的一系列数据，以便由计算机控制中心利用电传迅速将全球预报发往北京”，然后，中央人民广播电台会随时向全世界广播，预告中国的卫星何时光临世界的哪座城市上空。

周恩来总理后来专门提出：中国的“东方红一号”什么

时候飞过第三世界兄弟国家的上空，我们要向他们发通报。

完成这样艰难、复杂、高标准的测控任务，究竟上什么设备？以什么为主？

是靠光学测量？靠雷达？

还是跟在美苏后面，靠干扰仪？

陈芳允坚决主张上无线电跟踪系统，上“多普勒测量”！

人们很少见到这个平日慢声细语、不急不躁的人这么激动、急切、焦虑，甚至生气！他提出：中国第一颗卫星的无线电跟踪系统要以多普勒测量为基础，卫星入轨点以“154 雷达”测量为主，而干涉仪只作辅助试验。

陈芳允坚持己见，别的专家也有自己的见解，会上的争论非常激烈，几近白热。一时没有结论，各自回家吃饭睡觉。第二天一大早，有人“咚咚咚”地敲响陈芳允家的门，陈芳允开门一看，是会上和自己意见相左的另一位专家，来客也不进屋，连珠炮似的说：“老陈，我昨晚回家，一宿没睡，连夜查了不少资料，分析了整整一个通宵。这不，天刚亮，我脸都没洗，就跑到你这儿来了！”

陈芳允说：“你慢慢说，进屋里说……”

来客道：“我的结论：还是你老陈的意见对！上多普勒，我坚决支持！”

就这样，陈芳允开始对科学院有关研究所和天文台展开调研，着手各项准备。他很快组织了紫金山天文台、中国科学院数学所和计算机所为核心的一批专家，对多普勒测速仪跟踪定轨进行模拟计算。在此基础上，完成了“卫星地面观测系统方案及分工意见”的报告。

然而当陈芳允等专家开始着手起草那份关于“卫星地面观测系统方案及分工建议”的报告时，已是1966年的2月。

1966年2月，山雨欲来风满楼，一场长达十年的政治动乱即将开始，只是这些搞科技的知识分子，几乎完全没有那种“适应环境”的“政治敏感”。

一个月后，中国科学院召开“东方红一号”卫星地面观测系统方案论证会,就陈芳允他们提交的报告进行论证。同月，在中央专委会议上，同意批准由中国科学院负责卫星地面观测系统的规划、设计、建设和管理。

为了卫星发射任务的开展和千头万绪工作的落实，1966年5月，中国科学院成立了人造卫星地面观测系统管理局，代号为中国科学院“701工程处”，意指1970年发射中国第一颗人造卫星。陈芳允担任了“701工程处”的技术负责人，主管地面观测系统的设计、台站的选址和勘察，以及台站的基本建设等工作。

原本以为“运动”只要三个月五个月的时间就会过去，没有想到“文化大革命”的烈火越烧越猛，就在中国卫星发射工作正要迈步启动、全面加速的时候，“文革”的狂潮冲击到中国科学院一向宁静的高墙之内——中国科学院很快陷入瘫痪状态，科学家被批斗，科研资料被“造反派”毁坏，科研活动被迫中止，刚刚步入轨道的中国卫星研究发射工作完全无法进行下去。

科学家们焦虑，却无能为力，周恩来总理焦虑，他拍了桌子：决不能让运动影响到卫星发射！他果断决定，要求中央军委过问此事，并请出聂荣臻、叶剑英等老帅亲自出面，命令军队系统的国防科委，接管卫星发射的相关工作。1966年12月28日，国防科委通知所属导弹试验基地：聂帅指示：人造地球卫星地面观测站的建设任务，由中国科学院调整到试验基地，701工程处的业务工作也由导弹试验基地接管。

陈芳允的工作、生活，也就此随着中国社会的动荡发生着巨大的变化。他回忆起“文化大革命”开始后，“701所”被“接管”后的情况：

我在“701”工程处工作后不久，便被部队（国防科委）的基地接管了。领导先叫我到天桥无线电厂劳动了近一年，再到陕西某地工作。因为搞设备和设站，四处奔跑，以后就再没有看见赵先生。没想到后来赵先生竟被“造反派”批斗致死，这是我这一生想起来就很难过的事。“文化大革命”时期，我虽因为到了部队，没受到冲击，但是心里对为什么这样搞实在想不通，家里也曾被红卫兵抄过一次。当时我倒是把毛主席著作认认真真地读了一遍，但是也找不到答案。

陈芳允的脑海中充满疑问，也挤满了回忆：

1955 年 7 月 29 日，美国白宫的新闻秘书詹姆斯·哈格迪在白宫发表声明称，“美国作为（1957 年）地球物理年会的参加者，将在会议召开之际发射一枚小型的人造地球卫星。”苏联人得到这个消息岂肯听之任之？他们实际上也在暗中开展人造地球卫星的研制，美国人的话大大地刺激了苏联人，科罗廖夫等人就苏联人造卫星研制计划再次向赫鲁晓夫提交议案，表示在苏联导弹技术日益成熟的条件下，有必要在最短的时间内完成人造卫星的发射，并且特别说明“苏联一定要抢在美国发射人造卫星之前完成这个计划”。1956 年 1 月 30 日，苏联部长会议颁布第 149–88 绝密级文件，批准了苏联科学院的卫星研制计划，决定在 1957 年地球物理年之际，赶在美国人前头发射一颗人造地球卫星，苏联人还神神秘秘地给这个卫星起了个代号——“D 物体”，即“斯普特尼克 1 号（Sputnik–1）”。

果然，苏联抢先了美国“半个身位”，在 1957 年率先发射了世界上第一颗人造卫星。其实这个“D 物体”构造很简单，不过就是一个直径 0.58m、重 83.6kg 的金属球状物，内含两个雷达发射器和 4 条天线，还有多个气压和气温调节器，用途就是通过向地球发出信号来提示太空中的气压和温度变化。

但这足以让苏联人傲视群雄、睥睨众生。陈芳允清楚地记得，当时首先“坐不住”的，正是中国人赵九章。赵先生和钱骥等科学家共同商议，上书科学院和国务院，要求尽快开展中国人造地球卫星的研究试制工作。

中国高层对此的反应之快，也是令人惊讶的。第二年——1958 年，毛泽东就向全党全国人民宣布："我们也要搞人造卫星。"在赵九章的倡议和推动下，一个以人造卫星和火箭为专门研究对象的机构在中国科学院成立，它的名称也显示了科学家早日将卫星送上天的雄心："581"小组——寓指"1958 年 1 号"。钱学森任组长，赵九章任副常务组长。中国科学院数十个研究所共同组建了三个设计院：第一设计院负责总体设计和火箭研制；第二设计院负责研制控制系统；第三设计院负责探空仪器与空间环境研究。

陈芳允还记得 1958 年秋天，赵九章先生率领中国大气物理科学代表团前往苏联参观、访问，希望能了解到先进的航天技术。但是，中国大气物理科学代表团在苏联长达两个月的参观、访问，却受到种种限制和刁难。苏联方面只让他们参观一些附属设备或模型，有关卫星、火箭实体都藏着掖着不给看，还处处受到监视、监听。赵九章先生非常气愤，他回国后对科学院的同行坚定地表示："中国一定要有自己的卫星！为了祖国的卫星我将献出自己的一切。"

…………

这可能又是陈芳允一生中的"至暗时刻"——1965 年，52 岁的夫人沈淑敏，在参加"四清"工作队下乡时，突然发现自己患了乳腺癌，同时还发现患有冠心病。以当时中国的医疗水平，"癌"字，几乎总是与"死亡"相伴。沈淑敏的家庭医学背景深厚，她自己又是长期在生物、医学领域从事教学和研究工作的生物学家，对自己的病，怎么能没有了解？但她怕陈芳允着急，很长时间都瞒着丈夫。

手术，是做，还是不做？

沈淑敏犹豫再三，体重从 140 斤迅速下降到 97 斤，最后还是进了手术室，医生从她体内取出一个鸡蛋大的癌变肿瘤……

对于陈芳允一家来说，苦难并未由此结束。“文化大革命”开始的 1966 年，陈芳允的长子陈晓东刚好从中国科技大学技术物理系半导体专业毕业，陈晓东学习刻苦，各科成绩都名列前茅，原本被中国科学院半导体所看中，准备招他入职。可“文革”的到来改变了一切,进中国科学院的事落了空，眼看同学们好歹都有了自己的工作，陈晓东又着急、又沮丧。

陈晓东的工作一直拖了两年，1968 年，距离江西南昌 90 公里的抚州正在新建一个半导体厂，陈晓东在这个厂里算是有了一份工作。陈晓东回忆：

> 我被分配到江西一个小工厂里，一直待了八年，“八年抗战”！记得父亲在我临去江西报到时，还送我到火车站。我在江西时，有一次收到母亲寄来的包裹，里面有一罐花生米。母亲跟我说，那是父亲一粒一粒剥的。

但是，希望之光，总是会在最灰暗的时刻闪现。

因为，希望之火，从没有在这些热爱祖国的科学家心中彻底熄灭。

正如鲁迅先生说的：希望是本无所谓有，无所谓无的。这正如地上的路，其实地上本没有路，走的人多了，便也成了路！

1967 年 6 月，国防科委正式下达通知，决定“701”工程处由隶属军方的国防科委某导弹试验基地接管，地面观测系统的技术和设备的抓总，也统归该基地管。

10 月份，陈芳允还在天桥的无线电厂扫地、绕线圈，国防科委已正式确定他所在的“701”工程处所承担的业务和所属人员及设备、营房，从 1967 年 10 月 25 日起由某导弹试验基地正式接管，接管后，编入该基地的某试验部技术处。

陈芳允得知这个消息，心里百感交集，一时竟至无语。这些被后人看起来枯燥的科研单位归属转制叙述，在当时，在当事人听来，无异于气压极低的闷热傍晚，听到了远方的一阵雷声。

当时的人们都还记得，这一年，周恩来总理连续 4 次召集有关人员开会，研究人造卫星的进展问题。周总理强掩住焦虑和疲惫，语重心长地说：“大家往天上看看吧，满天星光灿烂，可是还没有一颗是我们中国的。苏联和美国已经有了好几颗卫星在天上，如果我们继续这样闹下去，卫星是闹不上去的。研制和发射人造卫星是毛主席给我们的光荣任务，要加强领导，加强团结，我们要争取早日在天上飞起中国的卫星。”

顶着巨大压力，逆着“文革”狂潮，中国的卫星事业就这样被一群脊梁铁硬、韧性极强的人支撑起来、继续下去。这让人不禁想起鲁迅先生在《中国人失去自信力了吗》一文中的著名论断：

> 我们从古以来，就有埋头苦干的人，有拼命硬干的人，有为民请命的人，有舍身求法的人……这就是中国的脊梁。

很多年后，陈芳允回忆备尝艰难的1966年，他没有什么抱怨和不平，只是释然地说：“我到了军队，虽然前几年身份不定，等于打工者，大家叫我老师傅，我却很高兴，心安理得。在科学院工作的同志还羡慕我，又没被斗，还能参加工作”。

他在那首《自述》诗里，留下了这样值得后人玩味、叹惋的句子：

> “文革”期间幸随军，
> 得避关进牛棚扫茅坑，
> 参加测控建设放卫星……

以这样的视角再重读陈芳允先生的短诗，相信读者都会有不同以往的领悟，他写道：

人生路必曲，
仍须立我志，
竭诚为国兴，
努力不为私。

什么叫“竭诚”？

什么叫“不为私”？

陈芳允这一代爱国知识分子用自己的行动写下了回答。

须知以上这些，对于全身心关注科学研究、一贯不事张扬的陈芳允来说，已是罕见的内心表露了。笔者所见陈芳允的个人自述材料中，很少看到他对个人逆顺境遇、得失遭际的描述，相反，当他得以重新投入到科研工作时，笔下滔滔不绝的都是“对话星河”的科研设想，你看他写道：

在卫星测控中，我思想上有几项原则。第一，设备要有高的效率，但是也要尽量地简化，从国家的经济和人员的情况看，尽可能快地建设自己的测控网。提出的新方法更要考虑是否比旧的方法效率更高，效费比更高。第二，结合中国的条件考虑，我们要求仪器效果不低于人家，但是要想法以中国的条件来达到。当然，如果有些新的元部件，我们也可以自己做。我头脑中一直有一个念头，既然我也学了这些知识，我们应该有自信心，只要干，就不会比人差。

卫星观测一共包括四个方面，其中三个是测控，叫做 TT & C，即跟踪、遥测和控制，还有就是通信。通信把各个系统、各个台站和中心联结到一起。

当时传达中央的指示精神是“抓得住，测得准，报得及时”，我们做到了。我做的是偏重于测控设备方面的工作，实际上还有很大一部分是软件工作，如测量到后，计算卫星轨道，管理卫星的运行和控制执行某种任务等，也都需要在 TT & C 中做。

但是，对话星河岂能如此简单？

陕西——秦岭——渭南——“六部”……

一串有些陌生的名词，粗粗构成了陈芳允 1967 年 4 月身后的背景。

“六部”，就是国防科委酒泉卫星发射中心六部的简称；“六部”是这位 51 岁的科学家新的营地，他将在这里完善中国第一颗人造地球卫星的测控系统论证方案和总体设计工作。为测控站的布局和建设制定切实可行的技术方案，组织研究革新多项设备，为“东方红一号”的准确测量和预报做好大量准备工作。

“六部”，一个新的人生驿站，它建在“塬”上。

什么叫“塬”？

对于出生在浙江黄岩蜜橘林中的陈芳允，还真是个大开眼界的地方。

所谓“塬”，和当地方言中的墚、峁一样，都是西北黄土高原地带的特殊地貌类型，是一种被流水冲刷而成的台状地貌，一般数百米高，四周陡峭，顶上平坦，秦岭之北、渭河之南，有不少这种黄土台塬，陈忠实的小说《白鹿原》，讲的也是“塬”上的故事。陕西渭南，古称下邽、莲勺，位于关中平原东部，地势以渭河为轴线，形成南北两山、两塬和中部平川五大地貌类型区。“渭水明秦甸，黄山入汉宫”，“秋风吹渭水，落叶满长安”，这地方，历史积淀深厚，别的不说，站在渭南老街四下望望，真个是“三秦要道，八省通衢”，西望临潼、长安，东看华山、潼关，南面是骊山陵、终南山；北面是黄龙山、乔山，再远就是延安、铜川……这里的老百姓，说的是浓重的关中方言东府话，吃的是踅面、麻食泡、南七饸饹。陕北的白羊肚手巾红腰带，和八百里秦川上浪浪的柔柔的“酸曲儿”，汇成了此地独具特色的人文景观。

初到渭南县城，最先遇到的是前来热情迎接的王盛元部长。上了军用 212 小吉普往南开，一路上走的是乡间土道，路两旁的塬顶上疏疏密密地满是柿子树，青青的柿子挂满枝头，和小时候家乡的蜜橘未熟时很是相像。来不及“他乡认故乡”，汽车七拐八拐，沿着十八盘山路到了塬顶，王盛元部长兴冲冲地把苍云之下的一片荒坡指给陈芳允看：“瞧，这儿，就是咱们未来的航天观测站！”

这儿，就是陈芳允未来对话星河的地方。

围过来帮陈芳允扛行李的年轻军人个个都很精神，一开口，还真把穿便装的陈芳允叫成“老师傅”。“老师傅”随着大伙儿热热闹闹住进宿舍，据说，这儿曾经是个乡镇学校，平房、土墙、门板钉成的上下双层床铺、黄土夯实的篮球场，一切都是那么简陋、但干净——有年轻军人住的地方，向来都是整洁有序的。

“老师傅”长出一口气，这儿的“空气”，可真干净呀！

看看这些穿军装的小伙子们，一样地出操站岗、开荒种菜，一样地早请示、晚汇报，打猪草喂猪，真像个“安营扎寨”的样子。

1967 年，陈芳允在这儿“安”下了他的“科研营寨”。他不属于军队编制，没人能给他发军装，他一身蓝布裤褂，头发倒是剪得很整齐——那是他的一个绝活儿，对着镜子自己给自己理发，几推子下去，头发短了，人也精神了，陈芳允笑称：“这回，没小辫子可抓了。”

就是在这样的环境下，陈芳允夜以继日，抓紧科研工作。因为陈芳允意识到：完成卫星发射的时间一天天临近，他必须把失去的时间抢回来。

一个非常实际的问题摆在他的面前，让他此后一路颠簸，几乎跑遍了中国的东南西北、沟沟坎坎、高山海岛。

什么问题？

简单地说：卫星进入茫茫太空，它在何处？飞向哪里？

轨道怎样？姿态怎样？工作运行状态怎样？无论你采取哪种科学合理的观测方式，实际上都需要人们在大地上张开一张“大网”，以便及时捕捉到卫星的每一个信息。所谓“对话星河”,就是这一工作的文学表述。但要想织成这张“对话之网”，一是这“网”要足够敏感，能敏锐地捕捉到卫星的每一微小信息变化；二是“网”要足够大，观测站的设置地点，分布既要广，选点又要准。这两个问题，互相关联，要解决它们，又各有各的难处。

陈芳允说：

> 关于如何设置观测站的问题，我们国家不像苏联经度跨度那么大，受地域影响，我们一定要适当选择站址，才不会“丢”了卫星。我们考虑卫星上天后的第二圈在新疆那边看，十多圈之后，则转回到东部沿海可以看到。这样，在新疆西部的喀什、东北和胶东地区设观测站就非常重要；此外还考虑了其他一些地方，因此，先后建起 8 个站和一个测控中心。后因发射静止通信卫星，又增加 3 个站和测量船。

其实，即使有足够大的国土，当时的中国也拿不出足够多的钱来“撒胡椒盐儿”。据说，美国人搞卫星测控，从东海岸到西海岸，一字排开建了 11 个干涉站，真是财大气粗；除了在本土建站之外，美国还向有关国家提出土地租借，再进行海外站的建设。从中国当时面临的国际形势和战略格局看，这办法显然难以做到。而且就算是“可以做到”，也没有那么多经费支撑。据说，中国当时能用于航天技术的投资，只有美国航天技术总投资数额的千分之五，即使在自己的国土建站，也还要精打细算，因陋就简，更不要说跑到国外去了。

某电子所原所长杨家德回忆说：当时确定的选址方针是六个字：“靠山、分散、隐蔽”，但这个原则在现实中，往往会与设备的技术要求发生矛盾。为什么呢？因为“为了取得最后的观测效果，就要求场地开阔，四周隐蔽物少、仰角要低，特别是干涉仪和无线通信的场地，都要求相当开阔，如果追求‘靠山隐蔽’，就不能取得良好的效果。当时还明确要求，站址离大城市要远些，但在不影响电波发射和接收的前提下，尽可能离中、小城镇近些，以便解决物资供应和工作人员及家属生活、工作、子女上学等问题。”

要选出符合这些复杂条件的站址位置，就得要跑路——在充分分析了完成卫星观测任务的设站需求后，陈芳允领着他的团队开始“周游列国”，从大西北，到海南岛；从戈壁滩，到胶东湾；从闽东海滨，到湘西大山。那时候的铁路运力紧张，从一个点到下一个点，只有绿皮火车可乘，往往一上车，咣当当咣当当就是几十个钟点。那时为了缓解运输压力，很多次列车已经拆掉了卧铺车厢的床位，50多岁的陈芳允经常和研究所的年轻同志一起挤硬座；有时为了赶时间，他们甚至买张站票就上车。列车上一般都超载，人满为患，座椅底下、行李架上，凡能睡人的地方都有人蒙头大睡，那环境，乱哄哄、臭烘烘，没吃的，没喝的，厕所里都挤满了人，谁要想方便一下，得扒拉开别人的脑袋。有人回忆当时情况，风趣地说："每人只有放下一只左脚的地方。"

那些不知盐咸、不知醋酸的晚辈会问："那右脚呢？"

答："踩在自己左脚上面！"

在陈芳允的回忆里，可没有那么多"趣闻"，他说：

> 对我国放第一颗卫星来说，"抓得住"是卫星测控中最主要的一道难题。如果卫星送上去了，自己却没有看见，不知道卫星到哪里去了，也不好宣布发射成功了，因此大家都很关注。
>
> "抓得住"最主要的是对卫星入轨点的测量。当时估计我国第一颗卫星的入轨点在湖南南部到广西北部一带，因此在这一带设观测站是必要的。但是用什么测量设备呢？
>
> 光学设备是肯定要用的，光学经纬仪可以起较大作用，但在当时也让人感觉不放心，主要是怕天气不好时看不见。因此，在关键的闽西站，光学、雷达和多普勒三种方法都用上了，在南宁还使用了干涉仪。
>
> 由于多普勒实时定轨需要多站观测，因此，在

闽西、南宁、昆明和莱阳都装上了多普勒，根据多普勒数据可以定出卫星运行的轨道。雷达主要是用来测量距离和卫星角度的，跟踪卫星上的应答机，测量一段距离后，可以算出卫星轨道。

观测站点的选择，主要是和天文台的同志一起商量。因为还有卫星入轨后的第2圈，将经过中国西部边界附近的上空，大家认为这一次的观测也很重要。因为这次测到就可以完全肯定卫星运行正常，同时，测量以后可以把轨道算得更加准确。因此，一致的意见是在新疆西部喀什设站，并安装光学、多普勒和干涉仪等设备。

卫星经过十多圈后，回到我国东部沿海上空，这时就要靠东北和山东的站了。卫星的测控中心设在西安，管理和指挥各站工作。各站测得的数据，经过通信线路送至中心，中心计算机综合各站数据，计算出卫星的轨道参数。需要卫星做某种动作时，中心发出遥控指令，经过适当的测控站发往卫星。

他似乎很少提到自己，在这个特殊的年代，他带领团队克服了一个又一个难关，而对他自己的贡献，却说得至为简约。1997年当选中国科学院院士的人造卫星轨道控制专家和卫星测控专家李济生回忆道：

陈先生是我国航天测控技术方面的奠基人和开拓者，尤其是在第一颗卫星发射的时候，他所作出的贡献大家看得很清楚。

（当时，我们）不仅要研究卫星和火箭如何研制制造，同时要建造复杂、庞大的对卫星跟踪观测地面系统，这样才能使我们的卫星正常运行，才能对卫星做出正确的轨道预报，也才能让全国人民很好地观测卫星，对国外也需做出准确的卫星预报，让全世界都能看到我国发射的卫星。关于这一点，咱们国家是没有基础的，虽然中国科学院紫金山天文台对国外的卫星可以作出轨道计算和轨道预报，但是那个时候使用的都是光学跟踪设备。显然，光学跟踪设备用于跟踪我国第一颗卫星是不够的，因为光学设备受天气的影响很大，卫星受天光和地影的影响，遇到这种情况，就没办法跟踪测量卫星的轨道，卫星轨道预报误差就会很大。所以，必须研究我国卫星观测系统到底要采取什么技术、什么办法，研制什么设备。

一种方案是四部提出来的研制单脉冲雷达，另一方案，就是陈老当时通过对国外技术发展趋势的分析，基于我国研制技术水平的实际情况，提出运用多普勒测速设备对卫星进行跟踪测量。

陈老所提的方案好处是，在卫星上安装的信标设备非常简单，而且地面上的设备也非常简单，一个设备就可以了。当时提出之后，到底采用哪一种方案，进行了很多讨论。讨论的结果是以雷达为主，多普勒测速为辅。

到了1968年，我国研制出了四代计算机和多普勒的测速设备，我们就利用这个设备，对美国的“探索者”22号、27号和29号这3颗卫星进行了观测实验。经过一段时间的跟踪观测以后，发现最管用的还是多普勒测速设备。这套设备的特点之一是简单又非常可靠，而且测量的角度范围非常大，达到了60度，当时卫星从地平面上刚一冒出来，它马上就能观测到。所以，我们逐步确定将多普勒测速设备作为我国第一颗卫星的主要观测设备，在卫星发射运行过程中，也确实证明了这个决定是对的。在这个方面，陈老先生的技术方案是很正确的，为我国第一颗卫星的跟踪测量做出了很大贡献。

但第一套多普勒测速设备使用的是单频，而单频不能消除电离层折射效应，所以其测速误差比较大。陈老先生马上又提出双频多普勒测速仪，在以后的651、847测速仪上，都是采取的这种方案。

而陈老先生又提出：是不是把卫星上的遥测信号调制到多普勒的信号上去，这样的话，可以通过多普勒的信号传到地面，避免卫星上再加装一套遥测的传送装置。方案提出后，经过试验，发现效果非常好，不仅使卫星上设备大大减少，地面设备也大大地减少了。

多年以来，多普勒效应测速设备成为我国卫星测控的主设备。陈老先生为我国第一颗卫星地面测控提出了很好的方案，是一个卓越的贡献。同时，这项技术也为我国相关方面的后续发展奠定了基础。

细读李济生的回忆，让人深刻领略到什么才叫“开拓者”，什么才叫“奠基人”，什么才叫“逢山开路、遇水搭桥”。而陈芳允一贯对自己的调侃是“一个做具体事儿的小技术员”“一个手艺人”。

在很多人的回忆中，都提到了这位知名“手艺人”的质朴和谦逊。

原总装备部某所研究员许鼎阜回忆：“陈先生带领我们几个人去南京紫金山天文台学习和研究，当时正值红卫兵大串联时期，别说卧铺，连硬座票都没有。记得我们几个都是一直站到了南京，实在困了就坐下来打一会儿盹。被乘客踩到胳膊、手，就疼得醒过来……陈老先生已经是60岁的老人啊，却和我们30岁的年轻人一样，一起坚持站到南京。……陈老先生经常和我们一起，清晨和晚上都是乘公共汽车来回，早中晚用餐都在所里的食堂，且在窗口排队打饭买菜，主食一般是馒头和窝头，副食是白菜萝卜，烧豆腐都比较少有。”

原总参某所高级工程师臧其源说：“……我们住在陕西渭

南的崇宁中学，学生的教室就是我们的办公室加宿舍。‘东方红一号’地面测量系统的工作正在紧张而有序地进行着……陈芳允先生领着我们五六个人，在教室外的空地上，一块黑板，一人一个凳子，反复讨论‘哥达系统’和‘阿波罗系统’的资料……每次讨论，陈先生总是先把他思考的问题一一列出来，然后引导大家深入讨论。可以想象，在那种极为艰苦的条件下，陈老先生是如何组织我们认真工作的。”

原总装备部某所研究员晏振乾回忆：“‘701 工程处’（组建时），陈芳允就被选定为该单位的无线测控主要专家，单位主要技术人员来自原天津计算机站，1965 年毕业的储备生和原公安系统的一批大学生，还有就是由陈先生提议从刚成立的西安电子所借调了近 10 个稍有经验的技术人员，其中就有我和杨震明、郭敦文、邵红旗等。在陈先生的带领下，我们很快地制定了以多普勒测试仪、超高频无线电干涉仪和单脉雷达为三项主要无线测量设备的初期方案。事实证明，该方案是最符合当时我国国情的测量方案……记得在他五十大寿时，我曾受邀去过他在中关村的家，只觉得他家简朴得不得了：家具陈旧简单，冰箱都是老掉牙的东西。要知道他是三级研究员，月工资近 300 元，是我的 5 倍左右。他衣食简朴，也无烟酒嗜好。每次见到他，都是笑嘻嘻地挎个蓝布包，和我们年轻人打成一片。我曾和他一起出差多次，总感到轻松愉快，还常常能‘揩他的油’，吃到中华美食，有名的湖南长沙火宫殿的臭豆腐、上海豫园的蟹黄包子……”

原国防科工委某局局长解志超还吃过陈芳允夫人沈淑敏教授亲手做的美食。他回忆说：那时如果回到北京，陈芳允先生常会从中关村的家走向颐和园，一边散步一边思考问题，有时也会约上他和许鼎阜，几个人边走边聊。那天傍晚6点来钟，他们从颐和园后门出来，走了20分钟就到了陈先生的家。一进门，解志超、许鼎阜就看见沈师母已经为他们准备好了晚餐，其中包括一大瓷盆“沈菜”——“八宝鸭”。解志超说：“在那个年代里，一餐饭有鸭子有肉，已是非常难得的了。陈先生和沈主任看我和许鼎阜吃得很香，脸上露出了慈祥老人的满意笑容。在饭间的交谈中，我们得知他们的两个儿子都在外地，两位老人总感到有些孤独寂寞……”

李济生还回忆起一个细节：

陈先生当时在基地司令部大楼上班，我的单位在山沟里面，从司令部到我们那里要走4公里山路。有一天，我突然发现陈老先生在陆镇林的陪同下到山上来找我，向我了解一些轨道计算的情况。向陈先生汇报完，我说：你老先生这么大年纪，还跑这么远的山路干什么？有什么事你来个电话，我下山去向你汇报就行了。

陈先生认真地说：你们这里工作很忙，如果我叫你到我那里去，会影响你工作，影响你学习，这样很不好。

生命的指针，总是在有条不紊地转动。

历史的时针，终于指向了 1970 年 4 月 24 日。

此前一年，陈芳允到北京参加了国防科委组织的“东方红一号”卫星联合试验，这次实验非常重要，主要就是检验卫星与地面系统的整体设计性能，取得“星—地”联合试验的实际参考数据。

经过紧张的试验，地面各系统准确无误地接收到了卫星所载信标机发出的信号，这证明了陈芳允负责的测控方案是可行的，整个测控系统已基本建立完成。

对话星河——陈芳允终于搭建完成了中国人与遥远星际空间对话的路径和桥梁。

万事俱备待东风。东风一起，对话开始！

1970 年 4 月 24 日，是中国第一颗人造地球卫星“东方红一号”的发射日。

由于众所周知的原因，主持完成了中国第一颗人造地球卫星的技术总负责人、总设计师孙家栋，没有被批准进入发射场。

陈芳允也没有，他人在上海，在出差。

据《仰望星空:共和国功勋孙家栋》的作者黄传会的记载:

1970 年 3 月 26 日，经周恩来批准，长征一号运载火箭和东方红一号装上了运往东风基地的专列。

但在这个节骨眼儿上，又出问题了。

“造反派”借口孙家栋的家庭成分是“富农”，

不同意他去发射基地。

孙家栋急了："我是这颗卫星的总体负责人，出了问题谁负责？"

"造反派"辩解："你的家庭出身有问题，不适合去发射现场。你去发射场，出了问题谁负责？"

总体部的同事们不干了，卫星发射在即，哪有总体设计负责人不去现场的？"造反派"仍坚持："事关国家形象，政治不可靠的人员一律不得去第一线！"

……事情闹到钱学森那里，钱学森出面解释、做工作也不行。急得一向斯文、随和的钱学森都动了怒。

为了顾全大局，孙家栋忍受住极大的委屈，留在北京。

临行前，孙家栋去送行，钱学森紧紧握住他的手，欲言又止。

4月25日的傍晚，陈芳允和同行的年轻人来到黄浦江边的外滩散步。从外滩东望，浦东夕照惆怅、灯火寥落，他少年时读书的浦东中学，就静静地藏在那里。

抬头看，天气晴朗，长空辽阔，星河垂挂，与地上的人间长河遥遥相对。

突然，外滩街道两旁电线杆上的扩音喇叭响了起来："下面广播中央人民广播电台新闻公报：我国第一颗人造地球卫星‘东方红一号’发射成功！”

新闻公报说：“毛主席提出‘我们也要搞人造卫星’的伟大号召实现了。”

新闻公报特别说明：“卫星运行轨道，距地球最近点439公里，最远点2384公里，轨道平面与地球赤道平面的夹角68.5度，绕地球一周114分钟，卫星重173公斤，用20.009兆周的频率，播送《东方红》乐曲。”

新闻公报讲道：“这次卫星发射成功，是我国发展空间技术的一个良好开端。”并传达了中共中央对全体参试人员的热烈祝贺。

陈芳允抬腕看看手表，新闻公报播放的时间是4月25日这一天的18点整，他停住脚步，一个字一个字地认真收听，生怕漏掉一个微小的信息。

上海滩沸腾了。外滩海关大楼的钟楼楼窗被人打开了,《号外》像雪片从上面飘散下来,游行队伍开始涌上街头,人群中,欢呼声、口号声、锣鼓声、鞭炮声，一浪高过一浪，一波连着一波。

黄浦江也沸腾了。沿江两岸所有的街灯都打开了，用于城市防空的探照灯群也把一束束巨大的光柱投射到夜空，闪烁的灯光照亮了满江喧哗激荡的流水。

陈芳允百感交集，模糊了泪眼。

他眼前出现了很多记忆的瞬间、很多故事的画面、很多梦想的开始、钻研的曲折、苦难的煎熬、跋涉的艰辛……

还有很多人，爱人、老师、同窗、战友、同事、学生、伙伴……

当然，更有他熟悉的、在脑海里浮现过多次的想象场景——在遥远的中国西北酒泉卫星发射场，长 29.46 米、最大直径 2.25 米的长征一号火箭轰然点火，火焰强烈的光遮蔽了巴丹吉林沙漠残阳的血红，火箭起飞，以 104 吨的起飞推力，托举着直径约 1 米、呈近似球形的 72 面体的“东方红一号”直破层云，直上太空。

一级火箭分离……

二级火箭分离……

第三级火箭上新研制的固体火箭发动机有力一推，把“东方红一号”卫星稳稳地“推”入轨道——星箭分离！卫星入轨！

“东方红一号”以 120 转 / 分的转速，采取自旋姿态稳定方式，利用太阳角计和红外地平仪测定姿态，它的温控处理铝合金外壳上，4 根 2 米长的鞭状天线，正在把卫星信标机上的信号不断地发送回地球、发送到陈芳允和他的同伴们织就的那张天网里——对话星河，对话太空，这就是那个伟大梦想实现的真实时刻啊！

环顾四周欢乐的人群，每张脸都陌生，又似乎都很熟悉。陈芳允不知道应该随手拉住哪个人，向他倾诉自己此时此刻的心理感受；他甚至一时也理不清，理不清自己此刻究竟该说什么、想说什么。

只有仰头，遥望苍穹，那里有一颗属于中国的星，正悠然划过天宇。

只有倾听，侧耳凝神，那里有一支中国人都熟悉的曲子，正在奏响。

多少年后，陈芳允再次回忆起那个夜晚，他的心早已恢复了平静，他的笔迹仍是那么清晰纤细，准确而严谨。他写道：

> “东方红1号”卫星在发射时，我们正出差在科学院上海科仪厂，讨论新的测量设备。一天晚上，我们几个人走在街上，听到新闻公报，说我国成功地发射了人造地球卫星，并传来了《东方红》的乐曲声。这说明我们的测控系统也成功了，真的很激动，很高兴。

有采访者记录道：那天的李济生，就在距离发射塔架不远的一间平房里核对着卫星设计轨道数据。在此后的“庆功宴”上，李济生端着一碗热腾腾、香喷喷的羊肉馅儿饺子，却难以下咽。因为陈芳允刚刚问了他一句话，让他陷入凝思。陈芳允问他：“咱们的卫星虽然上天了，轨道也计算出来了，但你知道轨道精度是多少吗？”

当时，限于技术和装备水平，只是要求测控系统计算出卫星运行轨道，对轨道精度并没有提出要求。但不知道定轨精度，就无法验证轨道计算的正确性；没有精确的轨道数据，就无法对卫星进行有效的控制。

这正如陈芳允写道的：

> 在研制第一颗卫星时，地面系统考虑观测较多，没有控制。“东方红 1 号”一上去就自动唱起了《东方红》，没进行遥控。

那天之后，李济生那间戈壁滩上的简陋工房里，灯光几乎每晚都亮到深夜。

陈芳允和他那个“牧星群落”的所有人，都开始了新的跋涉。

最后，作为本章的“余波”，也许还有人会关心那颗“东方红一号”后来的轨迹。

笔者了解到：1970 年发射的“东方红一号”卫星，主要使命是进行卫星技术试验、探测电离层和大气层密度。由于电池寿命有限，卫星设计寿命只有 20 天，实际工作了 28 天，在此期间，卫星完成了向地面传输各种遥测参数和太空探测资料的任务。1970 年 5 月 14 日，“东方红一号”卫星停止发射信号。

但是这颗神奇的卫星，其“轨道寿命”并没有结束。直到 2009 年 2 月，中国科学家探测到“东方红一号”卫星还运行在近地点 430 千米、远地点 2075 千米的轨道上。而根据 2021 年 6 月 24 日的探测结果，中国这颗 50 多岁的“老卫星”此时仍在轨运行。

甚至在民间，竟还有“寻找‘东方红一号’的‘发烧友’群体”，在饶有兴趣地捕捉这位“大叔卫星”的太空身影……

第五章

从星河到故乡

我们不断拨动时间的指针，跳跃地见证陈芳允为中国的航天事业做出的每一步重大贡献，这不仅是一种叙述的策略，也是一种解读的“哲学”。

就像遥远天际上的那颗“陈芳允星”，它并不总是出现在我们的视野之内。1998 年 2 月 1 日，中国科学院国家天文台施密特 CCD 小行星项目组在兴隆观测站发现它时，它正悠游于巨蟹座庞大的星团之中，此后，这颗被国际天文学联合会（IAU）赋予永久编号为第 10929 号的小行星，时而闪现在我们头顶的夜空，时而隐身于茫茫无际的苍穹。它出现时，总是给我们带来意外的惊喜；它隐身时，谁也无法追踪它的轨迹、伴随它的旅程、倾听它的呼吸、触摸它的脉动、感知它的冷暖、分享它的哀乐……甚至不能看清它的容颜、读懂它的问询、留住它的微笑、感受它与我们擦肩而过时的衣袂轻风。

用文字描述一颗星的跋涉与航图，几乎是不可能的任务。对“陈芳允星”来说是如此，而对编号3421的“杨振宁星”、编号8117的“袁隆平星”、编号3763的“钱学森星”、编号2752的“吴健雄星”、编号79694的“南仁东星”、编号7683的“吴文俊星”、编号31230的“屠呦呦星”、编号364875的“华罗庚星”、编号17693的“王大珩星”、编号210210的“宋健星”、编号210230的“林元培星”、编号25240的“钱三强星”、编号4913的“王选星”、编号14558的“王淦昌星”、编号7681的“陈景润星”,还有“赵九章星”“冯端星”“孙家栋星”……亦莫不如此。

叙述，可以指向本体，甚至无限趋近，但永远无法抵达，这就是叙述者的“哲学困境”。

庄子在他的名篇《秋水》中写道：“秋水时至，百川灌河，泾流之大，两涘渚崖之间，不辩牛马。于是焉，河伯欣然自喜，以天下之美为尽在己。顺流而东行，至于北海。东面而视，不见水端。于是焉，河伯始旋其面目，望洋向若而叹……”

——望洋兴叹！望星空，而能不叹乎？

那就还是让我们回到人间，笨拙地拨动地球人的时钟吧。

假如我们把时间从中国发射第一颗人造地球卫星的1970年，直接拨到1975年11月29日，那时，陈芳允正率领他的团队向遥远深邃的太空发出指令，指引着中国第一颗返回式卫星按照预定计划，从星河返回大地。由此，我们中国成为世界上第三个掌握卫星回收技术和航天遥感技术的国家。

假如我们把时间拨到 1984 年 4 月 8 日，我国成功发射了第一颗代号“331”的同步轨道通信卫星，为使地面测控系统能够精确测量、控制这颗卫星，陈芳允创造性地提出了“微波统一测量系统”，实现了在同一套设备上同时对卫星进行跟踪测轨、遥测、遥控、数传的构想，卫星在距地 35 786 公里的星河之外，发出了对大地的殷殷问候。

假如我们把时间拨到 1985 年，会发现那几乎可以称为“陈芳允获奖年”——这位 69 岁的老人因“实验通讯卫星及微波测控系统”的研制，荣获国家科学进步奖特别奖；因“‘尖兵’一号返回式卫星”项目和“‘东方红一号’卫星”项目，再获国家科技进步奖特别奖；因“通信卫星测控总体系统工程”，获得国家科学进步奖三等奖。同年，他当选国际宇航科学院（IAA）院士，受聘为国防科技大学教授、博士生导师。

假如我们把时间拨到 1986 年，就会想起那面“中国科学技术发展的旗帜”——863 计划，而这项中国高技术研究发展的战略性计划，最初的发起人正是陈芳允先生。国防科工委主任丁衡高上将曾回忆道：“‘863 计划’的建议内容和向中央领导反映的想法，都首先是陈芳允老先生提出来的。”

这位老人日常留给人们的印象是那么平和从容、淡泊宁静，但在关系到国家前途命运、科技发展未来的关键时刻，他的敏锐、他的急切、他的行动力和责任感，让他心头的火焰熊熊燃烧起来，让他为“863 计划”这一日后成为中国科技急起直追、赶超世界先进水平的宏大交响乐，敲响了第一声音符。

假如我们把时间拨到 1988 年，耗电量相当于 30 万人口城市、甲板以上布满各种航天探空仪器的中国航天测量船，出现了严重的电磁兼容问题。72 岁的陈芳允率队出海，直入大洋，成功地驯服了伏卧在巨轮甲板上“电磁天使 + 魔鬼”，这项成果为他荣获了国防科技进步奖一等奖。

假如我们把时间拨到 1989 年，中国在世界上第一次实现了地面目标利用两颗卫星快速定位、通信和定时一体化的目标——陈芳允的“双星定位系统”演示成功！这项卫星应用尖端技术，使快速定位精度达到了国际先进水平，标志着我国独立开发利用卫星通信资源有了新的突破。这项成果，给陈芳允带来了国家科学技术进步奖一等奖，他也因此当选为国际宇航联合会（IAF）的副主席。

假如我们把时间拨到 1990 年，我们会看到 75 岁的陈芳允仍在和国内地学、遥感和卫星专家们，共同研究提出“多个小卫星空间对地观测系统”。

假如我们把时间拨到 1996 年，年届八旬的陈芳允荣获“中国航天基金奖”和“何梁何利科技进步奖”，并在第 40 届国际宇航联合大会上宣读《地球环境观测综合卫星系统与国家合作》的论文，赢得了国际上众多专家的重视和好评——“何梁何利科技进步奖”有 10 万港币的奖金，这笔钱他生前一分都没有动用，日后竟成了他仅有的、数额最大的一份儿“遗产”；而平日，他却不断“自掏腰包”资助贫困大学生，有时一“掏”，就是一万元。这些事情，已故的沈淑敏夫人或许还能知道，而他的子女，从未听他提起过。

然而，这还不是陈芳允航天探索历程的终点——

他还在与北大电子系的同行，共同组织“高、中、低轨道统一考虑的卫星通信系统”的研究课题。

他在思考“高、中、低轨道统一考虑的卫星通信系统”课题的同时,还提出解决中国农村卫星通信和高效费比的“中、高轨道移动卫星通信方案”。

直到 1999 年 9 月 18 日，他从病床上起身，郑重地穿起西装、打上那条深浅相间的紫色领带，前往人民大会堂接受中共中央、国务院、中央军委颁授的“两弹一星”功勋奖章。此后，缠绵病榻的陈芳允拿起钢笔，给远在故乡黄岩的老同学王克宬写了那封著名的长篇回信，相信他写下如下字句的时候，一定是感慨万千的：

> 以我自己来说，能在新中国为祖国做出一些贡献，没有为反动派做什么事，这就是自己的志向，也满足了解放前绝不为国民党打内战，而要为人民服务的志愿。以后只要有可能，我还要竭我的能力，还会为卫星做一些工作。

他特意补充上的一段话，显示出他对身后事的期待和牵挂：

事实上，在1984年我调科技委以后，我和小组共同工作者，还在对几种重要的卫星系统进行了比较全面的系统工程研究，提出了几种新的适合于我国具体情况的系统，希望今后能选用。

最后，他不无遗憾、又不无希望地写道：

我还住在医院里没有出去，一是肺炎好得很慢，二是腰腿不好，走路困难，手脚还有发僵的感觉（你看我信上写的字，就知道了）。

我仍希望不久我会好起来，不久再给你写信。

然而，这是陈芳允一生中的最后一封长信，他认真地在每页纸的右上角编出了页码，一共满满六大张，从信的字迹看，开初几页，照例清晰、娟秀，一丝不苟；写到最后一段，已能见笔尖的颤抖——几个月后的2000年4月29日，陈芳允先生告别了我们。

此时，距那颗后来命名为“陈芳允星”的小行星被发现之日，不到两年；

距陈芳允先生获授“两弹一星”功勋奖章之日，刚过半载。

陈芳允先生那首《自述》写于1998年5月，最后一段是：

今有科教兴国策，

愈觉超志未酬须自强，
愿续献我一技共兴华。

读此可知，陈芳允先生是怀着“超志未酬”“壮心不已”的感慨，离开他深爱着的国家人民和科研事业的。

但是,先生,你似乎并没有走远,你的故事,仍在被人传颂,你人生当以“爱国励志”为根本的坚定信念,你“敢为天下先”的开拓精神与赶超勇气,你埋头苦干、务实求真的科学家品德,你言传身教、提挈后人的大师风范，你淡泊名利、不务虚名的高风亮节，都在你的故事中，被一一记住。

这样的记忆，也会时时在我们的眼前鲜活起来——

早在“东方红一号”人造地球卫星上天之前，陈芳允那一代中国航天人就开始了“让卫星回归大地”的梦想。

“东方红一号”的发射成功，仅仅是中国航天事业的一个成功的开端，对这颗卫星的测控工作，紧紧围绕着跟踪测量和轨道计算等两大任务展开，并没有提出对卫星实施控制。而此时，美国和苏联已经拥有“返回式卫星”的先进技术，这种集军事侦察、科学探测和技术试验等重要功能于一身的返回式卫星,技术复杂,难度大,航天科学家们有一个比喻——那就是个“孙猴子”，人们不但想“放”它一个筋斗云跃上十万八千里的茫茫太空，又要能收放自如地“管”住这只“猴子”，让它按程序控制，翻跟头、打旋子、斩妖除魔，最后还能老老实实回到地面。

不对不对！航天科学家们自己先笑着说：在严谨的科学面前，任何文学的比喻都是蹩脚的。他们把中国的“返回式卫星”，精准地定位为中国卫星的“二期工程”，包括跟踪测轨、遥测遥控、数据传输与处理、时间统一、卫星回收、通信和调度指挥系统……这显然是一项极为庞大的科研工程，具有实施性强、测量手段多、测量精度要求高、遥测遥控及回收功能复杂多样等一系列新特点。

原来建好的测控站不够用了，要增建；

原有的测控设备不能满足任务要求了，要研制；

原有的测控理论、测控手段和测控指挥系统，要更新……

这就是20世纪70年代，身在秦岭北麓黄土塬上的陈芳允和从事航天测控的科研人员必须面对和必须着手解决的问题。

美、苏两个超级大国，自掌握返回式卫星技术之初，就对其赋予了军事战略领域的竞争意义。1958年2月，经由美国总统艾森豪威尔签署，美国发射了第一颗用于空间摄影侦察的卫星——“科罗纳”，其目标瞄准了苏联的秘密设施和军事基地。1960年8月18日，“科罗纳”第一次用915米（3000英尺）长的胶片，拍摄到了427万平方公里（165万平方英里）的苏联国家领土，照片显示：苏联在北冰洋沿岸建造了空军基地。在轨道运行的同时，“科罗娜”能够使用一部恒定旋转全景照相机系统进行拍摄，然后将曝光过的摄影胶片装入援救舱。在1959年至1972年间，共执行了145次任务的“科罗纳”卫星，总共使用640 000米（共计210万磅）胶片拍摄了 800 000 多张照片，这些照片保存在 39 000 个存储罐中。1963 年，美国政府还曾据此开始指责苏联违反了双方签署的“反导条约”，因为他们手里已经有了苏联研制反导导弹的“图片证据”；1964 年，“科罗纳”卫星甚至从太空带回了苏联全部 25 个远程导弹基地的地图。

但是，这种返回式卫星的研制，绝非易事。卫星姿态控制系统专家杨嘉墀说过，美国在实验返回式卫星的初期，经历了多次挫折，直到发射第 13 颗卫星，才顺利完成回收。

那么，中国人呢？

中国人首先给了这颗卫星一个响亮的名字——“尖兵 1 号”。

1970 年“东方红一号”卫星发射成功后，在周恩来总理的建议下，钱学森先生首先提出，一定要研制返回式卫星，由此中国航天人开始着手布局研制任务。

返回式卫星与普通卫星不同，它在飞行过程中需要把拍摄的照片等资料用返回舱按照预定时间送回地面，因此需要时刻接受地面中心的指令。围绕着“尖兵 1 号”任务，陈芳允和他的同事们开始了艰苦的研究工作和卫星测控网的建设。

某测控中心原总工程师张凤翔至今还保存着陈芳允先生和他一起研究工作时随手写下的小纸条和画出的几幅图示，他回忆说：

陈芳允先生在“尖兵 1 号”任务地面观测系统论证期间，花了很大的精力，处理卫星地面观测系统如何满足卫星对轨道确定精度的要求问题。

约在1974年初，陈芳允先生来到我们办公室，同我讨论测量设备的精度问题，并说最重要的是系统误差的标定和修正问题。谈完后，他又谈了一段关于数学分析重要性的话。这段话很深刻，我至今不忘。

他先谈了数学是非常有用的工具，工作中离不了。“我不是搞数学的，数学也学得不好。数学很了不起！我们卫星地面观测系统的工作需要数学分析，起码要会做简单分析、计算。”陈芳允先生是无线电电子学专家，他虽然不是专门搞数学的，可数学功底非常好。他重视数学，也非常尊重搞数学的人。他同我说过原701工程处吕保维先生“虽然是电波传播专家，但他数学很好，我的数学远不如他”。

他接着同我谈了搞观测设备的同志应该能做简单的分析计算，这样才能搞清楚卫星任务对观测设备的要求。他边谈边写，谈话间，就开出了一个搞设备的人应做的分析计算项目的清单。这张小纸条我一直珍藏……

最后，他又结合卫星观测与轨道确定，谈了对轨道确定精度分析结果的物理解释，并画出了形象的简图说明。

他还说：“我这个物理理解虽不一定确切，但直观，可以把数学分析的结果记得牢。你们也想一想，看有没有更好的解释。”

笔者有幸看到了那张“清单”，上面很有条理地写下了：

高度——仰角——距离——地心角——弧长

高度——速度——周期

多普勒频率计算法

轨道直线化

圆轨道

椭圆轨道

摄动与倾角关系

轨道方程与卫星经纬度计算法

接收机噪声系数——带宽——无线有效面积——作用距离

高度——无线方位最大角速度

高度——无线方位最大角加速度

而陈芳允画出的简图，直观地解释了观测数据弧段在远地点、近地点及近 / 远地点两弧段的关系。看着陈先生的笔迹，仿佛能看到他当年平静专注的神情。他给人留下的印象是，他总是在思考，总是在研究，又总是有超越常人、逸出常路的思维火花随时迸溅出来，给迷雾重重的科研事业，带来一道闪光。

但是“尖兵”的“上天”和“返回”，还是充满艰难坎坷。适合发射返回式卫星的运载工具——长征二号运载火箭（CZ-2）研制成功后，1974年11月5日，“尖兵”首发！但火箭点火起飞6秒后，箭体出现了越来越大的俯仰摆动，20秒时火箭姿态失稳，安全自毁系统启动——“尖兵”的第一次“出击”失败！

问题究竟出在什么地方？星？还是弹？

卫星＋火箭，零件几十万，科研人员展开了一系列分析研究，对“星＋弹”进行了全面的测试，终于找出原因——“控制系统俯仰速率陀螺中的高度导线因振动断裂，稳定系统未接到陀螺控制系统输出的信号，导致火箭飞行姿态失去控制，20秒安全自毁系统启动于空中自毁”。

一根导线，捆住了“尖兵”首次飞跃的翅膀！

1975年11月26日，载着我国返回式遥感卫星“尖兵1号”（FSW-0）的“长征2号”运载火箭，再次在酒泉卫星发射基地准时点火起飞，在空中完成了预定程序，准确地把1800千克的“尖兵”送入预定轨道。

陈芳允和在场的测控人员紧密追踪着“尖兵”的太空身影，但是，意外的消息立刻让指挥大厅紧张起来——“尖兵”卫星完成第一圈绕地飞行后，再次进入我国国境，但就在这时，我西部某测控中心报告：卫星上的程序控制系统正按卫星实际轨道协调地运行，但星上的“气源曲线”在直线上升！

什么意思？话说地面对卫星的姿态控制，是要靠气源压力来实现的，星上自带着气源瓶，按设计可以保证卫星运行三天。而“气源曲线直线上升”，通俗地说就是表明气源瓶里的气正在快速“溜掉”，假如真是如此，那么气压会很快下降，根本坚持不到三天，没了气压，卫星的姿态就无法控制，也就很难再返回地面了。

这等于说这次返回式卫星发射宣告失败！

怎么办？

钱学森问陈芳允：“你怎么分析？”

陈芳允坚定而自信地回答：“从测控方面看，应该是没有问题的。”

这个判断很重要，测控方面如果没有问题，那就是星上的问题了。那么，是不是趁星上气源瓶的气压还够用，就提前结束任务——从原定的三天后回收卫星，改为转一天后，见好就收？

这个决心怎么能轻易下？这岂不是要前功尽弃？

现场科研人员经过紧张研究，觉得卫星上的气压开始下降快，有可能是卫星在开始运行时姿态不稳定造成的，大幅度持续调整姿态时，气压的损耗自然也大，气压也跟着下降得快了。从第二圈飞行的情况看，耗气量实际上是有所减少的，由此可以推断，“尖兵”能坚持到第二天！

陈芳允他们一整天没离开现场，卫星一圈一圈地绕地飞行，每绕一圈，都像是要把心弦拧紧一圈。

第 3 圈——第 5 圈——第 10 圈——第 15 圈——卫星再

次进入我国境内上空，东部某测控站报告：卫星气压瓶数据曲线保持不变！

这可不是什么好消息，说明气压瓶的压力还在快速降低。

已经废了两天了，是不是该当机立断，趁气压还够用马上回收？

所有人此刻都焦急万分，所有人此刻都不敢贸然发言，指挥室里静得出奇，仿佛彼此能听到对方的呼吸声和心跳声。

陈芳允也在紧张地思考着。

是收回，还是等待？

陈芳允终于发言了："我看还是再等等吧。"他接着说："卫星已经飞行到第二天，现在显示的是气压值数据曲线不正常，除此之外，没有迹象表明'尖兵'还出现了其他问题。如果真是气源瓶出了问题，那么'尖兵'飞了两天，气压数值应该继续下降。可现在看，气压并没有变化。那么，可以不可以判断不是气源瓶本身出了问题，而是数据传导系统出了问题，所以传回的气压数值曲线出现了误差？"

他的意思是"尖兵"没有问题，问题出在传回来的消息不准确，对指挥者形成了误导。

陈芳允说："应该相信我们的'尖兵'，它应该能按计划回收成功。"

指挥部审慎研究后，采纳了陈芳允的判断。

"尖兵"继续在太空疾飞。

第三天，按预定方案，指挥大厅向"尖兵"发出了回收地面的指令。

11 月 29 日午后，“归心似箭”的“尖兵”，在预定轨道上按计划运行三天、完成绕地球 47 圈的规定任务后，终于以每秒 7.9 千米的速度穿云破雾，安全顺利返回地面。

据说当时预定的返回回收区，选在四川遂宁，为确保回收成功，邮电部调出了 103 条线路，27 个省、市、自治区参加了通信工作，沿途每个电线杆子下面都有民兵守候，4 架直升机按预定时间提前起飞盘旋，准备迎接“尖兵”归来。

可是“尖兵”似乎要和人们开个大玩笑——当天，距离预定回收区四川遂宁很远的贵州六枝地区，有 4 个矿工正在窑口晒太阳，突然天上一阵呼啸，掉下个大火球，一声巨响，大火球掠过头顶，直接砸在不远处的一棵大松树上，把大松树拦腰斩断。矿工们吓得魂飞魄散，飞跑进巷洞里不敢出来，过了好久不见动静，才凑近观察，原来是一个黑乎乎、外表烧焦的铁疙瘩，这才赶紧向当地武装部报告。

幸喜，卫星裙部虽然烧毁，外壳也摔裂了，但装底片的“黑匣子”还在，航天拍摄的底片也没曝光。

“尖兵一号”返回式遥感卫星的成功发射，标志着我国成为继美、苏后第三个掌握卫星回收技术的国家，对此后遥感卫星服务于国防、国土普查、地图测绘、空间科学实验等起到了奠基性作用。

而与此同时，陈芳允还有别的新研究项目，也在悄然进行。

“尖兵”不是一颗卫星，而是中国航天卫星的一个系列。

而中国发射的第二颗人造卫星——“实践1号”科学探测与技术试验卫星，则开启了中国航天领域的另一个卫星系列。而随着各个系统的卫星发射，陈芳允和他的同伴负责的测控任务越来越繁重，越来越艰巨，他们的贡献也越来越明显。

这颗221公斤、直径1米，外形为近似球形的多面体卫星于1971年3月3日发射。卫星运行轨道参数为：近地点266公里，远地点1826公里，倾角68.9度，周期106分钟。它的主要任务是考验太阳电池、镉镍电池、辐射式主动热控制系统和遥测系统长期工作的可靠性，同时在运行期间对空间物理环境进行探测。卫星上的探测仪器有红外地平仪、太阳角计等，无论在空间科学还是空间技术方面都具有开创性的贡献。在轨期间，它进行了高空磁场、X射线、宇宙射线和外热流等空间物理环境参数的测量，这也是我国第一次完成对于宇宙空间环境的直接探测。它还进行了硅太阳能电池供电系统、主动式无源热控制系统等长寿命卫星技术的试验，为中国设计和制造长寿命卫星提供了宝贵经验，尤其为卫星的电源、热控制和无线电测控系统的研制开辟了成功的道路。可以说，随着“实践1号”的成功发射，我国以“实践”命名的卫星系列相继开始不断升空，在空间科学探测，航天新技术试验等方面不断发挥重大的作用。

“实践”——一个多好的名字呀，陈芳允坚信“实践出真知”，他曾亲笔写下一篇《几十年科研工作的体会》，其中第二条，正是这样说的：

2.“实践出真知”，“实践是检验真理的标准”。科技工作之所以能为社会进步作贡献，或在中国，要和国际上争高低，赶超国际水平，就必须有自己的创新。我数十年的工作体会是：创新之源来自实践；就是基础理论的建立也必来自科学实验的发现。工作成果的正确性和产生的效益，就更要通过实践或实验的检验……因此，我认为应该鼓励和给予科技人员实践的机会，并且可以组织跨学科的交流，以提高自己的真知灼见，激发创新的思想。

他从“实践”卫星系列的开始阶段，就在为之付出心血。在某基地原总工程师周建生的回忆中，陈先生身体力行，确实是既重视“实践”，也重视“跨学科的交流”，周建生用亲身经历告诉我们：

1972年，我国发射的第二颗人造卫星“实践1号”轨道预报出现了困难：该卫星1971年3月3日发射上天，因轨道的近地点低、大气阻力大，轨道变化很快，电池耗尽后，就只能靠光学跟踪观测。由于卫星本体小，星体表面又几乎贴满了深色的试验型硅光太阳能电池片，光学跟踪观测的难度很大，一段时间里大家都为测轨预报伤透了脑筋。

为此，我专门去请教陈老先生。

他说，在光学预报方面，我们要向紫金山天文台的同志学习，同他们开展技术合作与交流，他们从1958年开始就进行人造卫星的光学观测预报了，经验丰富。

先生同时指出，我们要加强无线电跟踪监测的研制开发，前苏联卫星上天，就利用20MHz、40MHz两个送测频率搞双频多普勒测量，我们应该用“双频”取代“单频”测量，且将跟踪与遥测等结合在一起，只要星上的太阳能电池能为信标机保障供电，测轨预报就不应该有什么问题。

根据先生的指点，我们随即与紫金山天文台合作，比较好地解决了“实践1号”轨道预报的急需。另外，先生提出的“双频多普勒测量手段”及后来的“综合测控通信体制”，一直是我国航天测控网的主要设备，实践证明是非常有效的。

这篇引文中提到的“‘双频多普勒测量手段’及后来的‘综合测控通信体制’”，一直是陈芳允提出并坚持的基本测控理念。这是关系到给中国航天测控搭什么架子、走什么路子、实行什么体制的重大基础性问题。对此，陈芳允的一段自述，透露了一些难得的细节信息，他说：

70年代的时候，我们国家已经有人提议搞载人飞船，我自然想到将来的测控问题。我研究了美国登月球时的测控方法，他们用的是微波统一测控系统。后来我们的飞船项目暂时不上了，但是我想为什么不把统一测控系统用在别的项目上面呢？例如通信卫星。我和几个同事就给通信卫星设计了一套统一测控系统，当然与美国的不一样，用了一些新方法，上报给上级部门。当时有很多人觉得没必要，那时的测量、遥测和遥控都是分开搞的，各成体系，各自归不同的单位管理，如果搞统一系统，怎么能合在一起呢？结果，发射中心参谋长支持这个方案。方案报送到国防科委后，时任国防科委副主任的钱学森赞成，通信卫星的总设计师也赞成这一方案。原因是用了统一系统，就可以将卫星上各种测控信号都调制在同一个载波频率上和地面联系，这样卫星上就可以省去好些设备，特别是天线，原来需要几套，现在一套就够了，对卫星十分有利。

这个方案得到批准后，到底谁来做，又发生了争论。最后的结果是四机部做一套，七机部做一套，国防科委科技部的同志和我在中间做协调工作。

思维超前！这是我国航天界业内人士谈及陈芳允先生时，说得最多的一句话。

有人说：科学家也是人，为人处世、言谈话语，也是各有各的风神姿采，气象恢宏者有之，纵横捭阖者有之，才华横溢谈笑风生者有之，精微严谨不苟言笑者亦有之，而陈芳允先生呢，他是那么朴素、平易、亲切的一位长者，外表看，真的像个“江南裁缝铺的老师傅”，和他一起进行研究时，他总是提出各种问题和大家一起进行平等探讨，仿佛他不是前辈大专家，而是我们的同辈学长。但是，如果你真的这样认为，那你就真错了，陈先生其实是一个科学思维极超前、科学神经极敏感、科学勇气极强的人。

也有人说：陈老先生呀，和他相处时，很少听他语出惊人，却每每见他有惊人之举、惊人之作！

还有人说：在陈先生身边工作的时候，很多时候，我们年轻人都觉得跟不上老人家的思路，他想法超前，且总能抓住最根本、最关键之处，一下子让人有拨云见日之感。不但如此，更重要的是陈先生总能马上提出基于现实可能性的实践方法，也就是说，陈先生最擅长的，是既能让科学设想从脑海中“浮”出来，又能让它在现实中“立”起来。这才是真正的“大师风范”！

中国科学院院士、中国工程院副院长陈左宁说：

1970 年，我国提出发射同步定点通信卫星计划，陈先生提出用“微波统一测控系统”作为通信卫星发射和定点保持时的跟踪、测轨、遥测和遥控，大大节省卫星载荷的体积和重量，特别是星上天线的数目，也大大节省了地面设备的规模和投资。这项建议得到了卫星测控部门和国防科工委的批准和支持，后来，他与相关部门人员密切结合、精心设计，使这一系统更为完善。

董光亮——中国人民解放军某部所长，就在陈左宁所说的“相关部门”工作，后来还成为这个“相关部门”的领导者，他对陈芳允设计构建“微波统一测控系统”的概括同样清晰准确：

早在1970年，陈老先生就提出了通信卫星采用微波统一通信系统的构想。1976年，陈老先生以60高龄参军，担任我所副所长后，作为第一颗地球同步轨道卫星测控系统总设计师，他正式把微波统一测控系统推向实践，亲自领导总体设计和开展协调工作，成功地将测轨、遥测、遥控等功能以一个载波调制不同副载波，实现了一套设备对卫星的统一测控。这一构想及实践的成功运用，既减少了卫星载荷的体积和重量，特别是星上天线的数目，也大大减少了地面设备的规模，在技术上实现了重大跨越，从而使我们航天测控系统从过去单一功能的分散体制，发展为综合多功能体制，航天测控技术开始跻身于国际先进行列。他的这一技术思想至今仍能指导我们当前的工作。

在中国航天界，陈芳允的名字，总是和“双星定位”紧密联系在一起的。

所谓的“双星定位”，即“双星导航定位系统”，又叫“无线电测向卫星业务（RDSS）系统”。这是我国研制的导航和个人通信技术结合的卫星定位系统。此系统由两颗太空卫星控制站和接收机组成，其应用原理与全球定位系统（GPS）一样，是一个区域性的具有全天候、高精度的定位和通信功能的快速实时系统。

这是一项具有挑战性、革命性的卓越设想。这一思想是陈芳允于1983年在国际上首次提出的，经过1989年成功的系统功能演示，这项卫星应用尖端技术，在世界上第一次实现地面目标用两个卫星快速定位、通信和定位一体化，使快速定位精度达到了国际先进水平，为我国研制、发展双星定位导航系统奠定了理论和技术基础。就在陈芳允逝世不久的2000年，我国第一颗“北斗”试验卫星顺利发射进入太空轨道。这个由中国自主研发的“北斗”导航定位系统的完成，标志着我国独立开发利用卫星通信资源有了新的突破，在测绘、航天、航空、航海、矿山、运输、抢险救灾和国防建设等方面具有广泛的应用价值。

但是，也许很少有人知道，早在“北斗”工程诞生之前，我国曾在卫星导航领域苦苦摸索，在理论探索和研制实践方面都开展了卓有成效的工作。而20世纪60年代末立项时，它还有过另一个名字——“灯塔计划”。但是，受困于技术方向转型、财力有限等原因，“灯塔计划”被迫终止，这颗科学家心中隐隐然存在的“灯塔”，未能照亮宇宙的暗夜，就悄然熄灭了。

1983 年，以陈芳允院士为代表的专家学者，提出了利用 2 颗地球同步轨道卫星来测定地面和空中目标的设想。经过大量理论和技术研究工作，双星定位系统概念逐步明晰。“灯塔”不再点燃，比“灯塔”更高远、更明亮的“北斗”终于开始闪耀在太空。

但，你可能依然想不到，陈芳允提出“双星定位”设想，也曾遭到一片质疑。

1983 年，美国在建的全球卫星导航系统（GPS），已经日益成熟并开始对民用开放。美国的这个 GPS 系统，是由 24 颗卫星组网的，研发投入在 20 世纪 80 年代初就已经超过了 100 亿美元。

而陈芳允认为，中国必须拥有自主的导航系统，他结合我国的现状，凭借已经掌握的地球同步轨道卫星技术，前瞻性地提出了“双星快速定位系统”的设计方案。

可是，陈芳允的这一“吃螃蟹之举”，打破了传统科学设想，挑战了宇航科技的权威，质疑之声既来自国际，也来自国内。国外对我们进行技术封锁，自不待言；甚至国内也有人觉得既然有了美国的 GPS，再花财力物力人力搞中国的“北斗”，是不急之务，或多此一举。

自力更生，中国人要有这个骨气、勇气，也要有这个信心、能力，要瞄准国家先进科技，有迎头赶上、大步超越的信念，决不能在这个问题上畏手畏脚，招致受制于人！陈芳允凭着几十年从事航天事业积累的经验，以及他对中国卫星测量、控制技术方面的认知，十分坚定地说："只要给我两颗卫星来做实验，我就能解决面临的一切问题。"

中国工程院院士、曾任国防科工委主任的丁衡高将军回忆说：

> 陈芳允先生是一位极具科学精神的有真才实学的老专家。这里我通过他写给我的亲笔信中的几个具体的事例来讲一下。
>
> 第一件就是"双星定位"的事情。大家可能不清楚，在研究"双星定位"的同时也有人提出过"单星定位"，"单星定位"是由美国人先提出来的，我们国家也有科学家提出"单星定位"的方案，在当时"单星定位"和"双星定位"是有争论的。之前，我曾请教过陈老先生有关"双星定位"的问题，针对"单星定位"的问题我又向他请教，后来他专门针对这个问题给我写了一个材料，说明从精度、可靠性、附加设备等等综合比较来说，"双星定位"更有优势……

1994 年，北斗一号工程终于立项。

北斗的故事，如同一场波澜壮阔的大戏，很多往事，至今叙述起来还是那样的铿锵响亮——

比如“三步走”——第一步是在 2000 年建成的北斗一号系统，主要解决了有无问题；第二步是在 2012 年建成北斗二号系统，也叫作“北斗区域”系统；第三步是 2020 年收官北斗三号系统，也叫作“北斗全球系统”。

比如“高评价”——北斗三号系统一个区域系统变成了全球系统，在此基础上开发出了很多新技术，如星间链路系统、高精度的氢原子钟系统等等，所以北斗三号系统真正实现了不仅是“中国的北斗”，也是“世界的北斗”。

比如“大工程”——为完成“北斗”的宏伟构想，全国范围内先后调集了 400 多家单位、30 余万名科技人员参与研制建设。陈芳允、孙家栋两位“两弹一星”元勋和几十名两院院士领衔出征。国内卫星导航与位置服务领域企事业单位数量在 14000 家左右，从业人员数量超过 50 万，形成珠三角、京津冀、长三角、鄂豫湘、川陕渝五大产业区。

比如“国产化”……

比如“高成效”……

最后，还有“想象力”——北斗系统业内一直有这样一句话：卫星导航定位系统的应用，只受制于人们的想象力，随着北斗系统的建成，必然能够在应用和推广方面大放异彩，真正让每一个中国人都用上中国自己的北斗。

在这铿锵响亮的叙事深处，也许，你忽略了陈芳允为了验证方案的可行性，带领研发团队从北京，到广西；从关中秦岭，到新疆戈壁的奔波。

在这铿锵响亮的叙事深处，也许，你还忽略了北京黄寺那栋普通的小楼，窄窄的楼窗上挂着旧式印花布的窗帘，遮住了午夜2点的灯光，也遮住了一位以身许国的老人灯下钻研的身影……

在这铿锵响亮的叙事深处，也许，你同样忽略了陈先生的头发开始花白、稀疏，他仍旧不太爱穿带拉链的外衣，因为有一次拉链坏了，鼓捣了半天才解开，他觉得太浪费时间了。夫人沈淑敏教授已于1996年离世，陈先生依旧住在原来的住房里，家中陈设也一直保持着沈先生在世时的样子。年逾古稀的陈先生，身影有些孤单，身板也不那么挺直了，但他仍能自己缝补衣服，只要戴了老花镜，他仍能准确地把棉线穿过针鼻儿……

陈芳允多么希望他的设想能早一天实现，人生苦短，他希望北斗系统早一天建成，让他能在有生之年，靠自己参与建构的北斗导航定位系统指引，再回一次黄岩老家，回一次昆明大普吉，回一次成都寻找当年爱情的记忆，或者回一次陕西渭南，回一次湘西大山、酒泉戈壁……

然而，科学事业是不以人的意志为转移的。

中国“北斗卫星导航系统”科研、建设项目的研发创始人之一卜庆君回忆：北斗研发团队为自己定出的目标是“保八争七”——原定：第一颗卫星的发射时间应保证在1998年，且争取提前到 1997 年。但是一切远比设想的要复杂。由于北斗系统以陈芳允的“双星定位”为奠基理论，那么地面上的“第三个点”，就需要有精确的“地面高程”，即地面高低分布的精确数据。对于科学家来说，建这个“高程数据库”，是一项极为庞大的数字化工程。卜庆君说：“我们有三十年海量的测绘资料，但这些资料都是纸质的，必须全部数字化。”而这就需要功能强大的计算机，但那个时候，现有的计算机都很难胜任。原总参某局局长袁树友少将回忆说，这项庞大的数字化工程是从 1996 年开始的。“那时候咱们的银河计算机也满足不了需求。”最终，把巨型计算机系统的建设也纳入了北斗计划之中。

北斗系统副总设计师谭述森也说：在北斗系统筹备之初，科学家团队对自己提出了很高的要求——“导航精度要高，要有自己的创新”。这里所指的“创新”，是指北斗系统要有自己独有的、GPS 不具备的短报文通信功能。

除此之外，科学家们还制定了导航反应的标准——在 5 秒之内必须有所反馈。谭述森说：“其实 5 秒都会觉得时间长，咱们必须从用户的角度出发。如果过了几分钟没有导航显示，那你肯定认为这机器坏了。所以从一开始，我们这制定了 5 秒的标准。”

为了达到这些标准，北斗卫星发射时间整整推迟了两年。

这两年，也是陈芳允生命的最后两年。

直到 2000 年 10 月，北斗导航系统的第一颗卫星正式送入轨道。

而在此六个月之前，北斗系统的理论奠基人陈芳允先生已溘然长逝。

他最终，也没有看到北斗照耀天宇的时刻。

在笔者撰写这部书的几个月中，我一直在回忆那艘船，那艘银白色的海上城堡——“远望”号。当年，我曾以军事记者的身份，乘护航编队的导弹驱逐舰，伴随以“远望”号为核心的庞大远洋编队赴南太平洋，完成向太平洋发射首枚远程运载火箭试验的任务。

当时，我们说起这个任务，用的都是它的神秘代号——“580”任务。

翻看历史，每一条记载，都有着独特的味道——神秘味儿、火药味儿、远海的咸腥味儿、赤道下太阳的火辣味儿、期盼和兴奋的味儿……笔者当年曾写道：

远程运载火箭的射程，一般都在8000公里以上，由于国土面积的限制，无论哪个国家进行远程运载火箭的全程飞行试验，这个射程都超出了其本土的最大宽度，因此，都要利用公海进行。

这样远距离的火箭飞行实验，除了在地面上要建立为数众多的测控站点、完善大型测控系统外，在火箭箭头的“溅落”海域——我们叫它“溅落区”——还必须布有完善的测量船只；在实验过程中，必须有足够的护航、警戒舰船和相应的辅助船只；当火箭“溅落”时，必须及时把记录了火箭飞行实验数据的数据舱，从海水里“捞”起来……

代号“580”——对外宣布的远程运载火箭发射的窗口日期，是 1980 年 5 月，具体时间，要看测量船队对溅落区的气象预报。

1980 年 5 月 1 日，中国的“远望 1”号、“远望 2”号等远洋科考船，和海军、国家海洋局的 16 艘舰船、4 架直升机，组成浩浩荡荡的海上测量船编队，奔赴南太平洋预定海域。

这次出征，是新中国成立以来我国海上力量最庞大的一次行动，用海军军方的话说：这也是中国人民海军走向深蓝的第一步，标志着中国人民海军从近海走向远海，从“黄水海军”向“蓝水海军”的战略性转变。

庞大的海上编队没有让翘首以盼的国人久久等待，编队按照预定航线，准确抵达南太平洋溅落区预定海域。

万事俱备，只欠东风。

但很少有人知道，“东风”差点儿“不与周郎便”。

那“东风”，其实早在任务初期就“欠”着呢，好多年过去了，一直没有最好的解决方案。

此事的最终解决，还是出自陈芳允之手——他将成为一位“巧借东风”的“驭风者”。

什么问题？

且让我们听听某基地原总工程师周建生怎么说的：

大家知道，“远望”号航天测量船被誉为浮动的国土、海上科学城。船长近200米，宽约20多米，从船底到船最顶端的天线高40多米。船上密集配置了500多台套电气、电子设备，各种天线63副。设备工作频率从甚低频到X波段，发射功率从几百瓦到几兆瓦，接收机灵敏度高达零点零几微伏。船内电缆纵横交错，强电、弱电设备繁多，所以船上的电磁环境极其复杂。在测量船的论证、设计、建造过程中，根据当时认识到的问题及分析可能产生的问题，也曾采取了许多特殊措施。但全船建造后还是出现了严重的电磁辐射干扰，使船上的测控系统与通信系统不能可靠地工作。为急任务之需，当时只好在测量船附近配置大功率“转信船”，或将实时测量数据事后重发。

周建生说到的“解决方法”——“在测量船附近配置大功率转信船，或将实时测量数据事后重发”，都难以从根本上解决问题，特别是第一个“办法”，就是在编队中，再增加一艘“大功率转信船”，作为信号的中转站，这个“加一条尾巴”的办法，显然是“没有办法的办法”，可靠性、适用性、实时性都没有保证；增加的“转信船”上面的设备要重新研制，那可不光是耗费巨大的问题，时间也来不及。

怎么办？

谁来接这个“烫手山芋”？

周建生说：

为解决“远望”号船电磁兼容这一重大技术难题，陈老先生亲自挂帅，率领课题组的同志，进行艰苦的攻关。

陈芳允不顾自己年高体弱，多次亲自上船考察、研究，对该课题进行了全面的技术指导，在关键方案及措施上起了决定性作用。

通过对测量船电磁环境的理论分析、计算，再在实船上反复测试、实验，对取得的上万组数据的综合分析，不断完善干扰试验方法，采用频率分割、时间分割、空间分割及避免非线性二次辐射等多种手段，最终获得了途程中各种条件下的无干扰工作频率。

简言之，就是陈芳允先生带领团队设计出了一套“频率分配方案”，从而避免了设备相互间的电磁干扰，一举解决了船载众多设备间的电子兼容问题。原中国人民解放军某所研究员晏振乾回忆：

> 我们先后进行过 10 多次试验（包括在陆地上的 4 次试验），多数情况下陈先生都是和我们一起动手进行的。这些测试有时是有一定危险的：比如船上的大型超短波发射机，其最大发射功率为 30 千瓦，而船上金属物体特别多，感应电压又高又多，很容易伤人。这些危险因素陈先生都是了解的，但只要有空，他还是坚持和我们一起动手进行测试。

危险，是真的存在，编队里的“向阳红 10”号船在早期的实验中，就发生过电死人的事故。据说，技术测试的时候天线都开始工作，“远望”号甲板侧舷铁栏杆都跟着“接收信号”，铁栏的接缝处噼里啪啦打出火花，发出吓人的响声。据说，那架 180 激光雷达，工作原理就是向目标发射探测信号（激光束），然后将接收到的从目标反射回来的信号（目标回波）与发射信号进行比较，作适当处理后，就可获得目标的有关信息，如目标距离、方位、高度、速度、姿态，甚至形状等参数，从而对飞行目标进行探测、跟踪和识别。但据科研人员回忆，180 雷达的脉冲功率超兆瓦，曾有一只“不知深浅”的小鸟，贸然穿过该雷达的发射波束，“噗嗤——”一下子，就被“烧”死了。

对此，陈先生只字未提过，他对这一重大技术难题的攻关和突破的描述，包括、但不仅及于“580 任务”，他说：

观测卫星在海面上空的情况只能依靠测控船，特别是发射静止通信卫星。卫星不能一次就定点在36 000千米高度某一经度的赤道上空，需要控制它进行两次变轨，测控船起关键性作用。

早在第一颗卫星发射之前，国防科委基地的技术人员就提出需要测控船（因为导弹试验也需要）。我们的两条测量船——“远望1号”和“远望2号”，在船上装了对卫星的测控设备。在发射静止通信卫星之前，还装上了统一测控系统设备。目前世界上也只有少数几个国家有测控船。

发射静止卫星的过程是先把卫星送到有一定倾角的400千米或200千米高度的椭圆轨道，当它经过赤道时要进行变轨，要变到36 000千米高度的圆轨道，还要把轨道倾角转变为零。这些测量控制需要在海上进行，靠船上的测控设备来完成。

船上还有大功率的远距离通信机，与国内的测控中心联系和传递测量数据。因此，船上的设备多，无线电天线也多，发生了电磁互相干扰的问题；特别是大功率通信机一开机，就会使好些设备受到干扰而不能正常工作。当时的一个办法是先把信号用小功率送到几十千米以外的另一条船上，再通过该船上的大功率发射机将信号发回国内。即使这样做，仍不能解决全部干扰问题。

为了保证发射静止通信卫星时测控船所有设备都能处于正常工作状态，国防科委的测量通信总体研究所和远望号测量船上的技术人员一起想办法。我们一方面把之前搞的不严格的工程加以改正和完善，另一方面提出了一套频率分配的算法，使各种设备选择使用的频率避开其它设备的频率，包括可能产生的一定次数的谐波和组合波，这样就避免了互相干扰。

测通所计算室的同志做了大量的计算工作，我们又在船上做了海上试验，证明是非常有效的，就此解决了电磁干扰问题。测控船后来在发射通信卫星和远程导弹中起了很大作用。

这一关键技术的重大突破，像一股强劲的东风，吹散了“580任务”海域上空的浓云。

北京时间1980年5月18日零点刚过，火箭发射场区的工作人员开始为火箭加注燃料。与此同时，“远望1号”“远望2号”测量船和“向阳红10号”海洋调查船进入试验中心海域，其余舰船也分别出现在各自预定位置，担负起保障和警戒任务。

上午10时整，我国自行研制的第一枚远程运载火箭从巴丹吉林大沙漠腾空而起，穿越千山万水，风驰电掣地扑向目标海域。火箭飞行30分钟后，一个亮点出现在2艘“远望”

号船西北上空的云端里，它越飞越近、越来越亮，颜色火红，流星般从“远望”号的右舷上空划过。

短短几十秒内，远望号船雷达和遥测设备及时发现目标……

雷达及时对飞行目标发现、跟踪，成功完成了目标出地平线到数据舱落水的全弧段跟踪……

各种测控设备按预定程序，精密工作，及时准确，互不干扰……

只一瞬间，数据舱准确溅落在预定洋面上，冲天的水柱高达近百米……

约 2 分钟后，航测直升机在测量船队的精确引导下，迅速发现了数据舱染色海域，并两次飞跃上空进行拍摄……

一声令下，海军直升机飞行员王恽驾驶 179 号航测直升机起飞，在 2000 米高空发现目标后，迅速拍摄了火箭箭头落点照片……

海军 172 号直升机驾驶员郭文才在 179 的引导下腾空而起，向数据舱飞去……

直升机接近目标……

潜水员刘志友在 500 高度被吊放入水……

5 分 20 秒，数据舱打捞完毕……

“580 任务”胜利、圆满完成。

陈芳允先生率领团队攻克的电磁干扰重大技术难题，为这次任务的完成提供了重要保证，不但如此，陈芳允先生还带领团队就此总结形成了一整套关于电磁兼容问题的理论和解决方法，带出了一支技术过硬的专业队伍，为我国创立相关学科专业、完成后续的测控系统设计和建设，发挥了重要的作用，因此，这一成果于1988年获得了国防科工委科技成果一等奖。

“580任务”圆满完成的这一年，陈芳允先生65岁了；获得科技成果一等奖的1988年，他已是72岁高龄的老人。他曾写文章谈道：

> 一个人成功了，出名了，很容易被人理想化。其实我上学时是一个普通学生。工作以后，有时提出一些新主意或新方法，而大的科研课题，则是大家共同做的，切不可归功在我的头上。
>
> 在科技发展越来越迅速的今天，“做到老，学到老”是十分重要的。因此，永远虚心地向自己的同行、非同行学习、交流，了解、思考国际上的新发展，应该作为工作中的重要的一环。

如前所说，1951年，陈芳允加入九三学社。1976年，60岁的他入伍；第二年，他在《自撰年谱》中郑重地写道：“1977年：加入中国共产党，得以实现数十年的愿望。”

他不是诗人，偶尔情动于衷，感慨系之，留下的也都是最朴实的句子，比如在这一首中，陈先生写道：

四十京兆一技人，
求新服务不爱名。
一称专家已过誉，
惭愧国人赶超心！

尾　声

再来一次跨越时空的对话

先生，书近竟卷，终如所望，可以仰头天外灿烂星河，寻找那颗以您的名字命名的“陈芳允星”，再来一次“跨越时空的对话”了。

先生，我首先想对你说的是：写您这样一个人，受益最大的其实并非读者，而是我这个写作者。

先生，匆匆记下您的一生，仿佛看见一泓流水，它始于清浅宁静，微澜不兴；继而顿挫跌宕，千回百转；再则汇入洪流，激湍涌荡；终归水静流深，潭渊波寂……

先生，我似乎约略触摸到了这泓流水的活力源头，那正如你的一生，有偶然与必然的相遇，有命运与时代的冲撞，有人生与事业的抉择，有志向与奋斗的凝铸，有想象与实践的共生，也有坚韧、有旷达、有温情、有决绝、有质朴的生命底色，有超拔的思维锐角……更重要的，是有民族、有国家，有一个“巍峨乎国士”的责任与担当。

先生，我知道你在云端笑着呢，你在笑后人的思窘词穷，笑晚辈的歧见偏颇，笑人与“他者”之间的距离比大地到星河的距离还要遥远。于是您在生命的最后时刻，亲笔写下了这样的诗句，以遗来者：

人生并无直通道，迂回曲折多思考。
终立为民服务志，艰难险阻志不摧。
政通人和新世纪，科技文化有创新。
全民幸福仍有待，来者仍须付全力。
务使世称中华好……

这首诗，您并没有写完。

因为患有严重的肌无力、肌萎缩，您此时握笔都很艰难。但是在新千年即将到来之际，您还是道出了对 21 世纪的问候和期许，那些勉强能辨认的字迹，是您留给这个世界最后的告慰和嘱托。

“务使世称中华好”的后面，您接下来想写些什么？

这个疑问，随着您生命烛光的熄灭，或许再无答案。

但是，您生命中还有一项不可磨灭的贡献，也许会包含着“答案”的某些侧面——这就看后来者如何解读了。

这个故事，还要从太平洋彼岸美利坚合众国的一次大选讲起——

1981年，第40任美国总统大选尘埃落定，出生于伊利诺伊州坦皮科城的共和党人罗纳德·威尔逊·里根（Ronald Wilson Reagan，1911—2004）胜出，入主白宫。这位爱尔兰裔美国政治家，当过洛克河上的救生员、空军上尉和电影演员，他极擅演说，在1982年7月的一次演讲中，他闪烁其词地表示："我们将探索一种全新的战略武器，而这种武器，不是将致命的核火力发射到别的国家，而是可以使任何来袭的导弹无处可逃的防御系统。"而到了1983年3月23日，R.里根在国会上发表了一个"一点也不戏剧性"的著名演说，明确释放出一头猛兽——"Strategic Defense Initiative"，即"反弹道导弹防御系统的战略防御计划"（亦称Star Wars Program，简称SDI），因为震惊，世界各国很快就赋予这头猛兽一个相当劲爆的绰号——"星球大战计划"！

"星球大战计划"为什么会出台？背景就是冷战后期，苏联拥有了比美国更强大的核攻击力量和导弹突防能力，美国担心所谓的"战略核平衡"被打破，需要建立有效的反导弹系统，来保证其战略核力量的生存能力和可靠的威慑能力，维持其世界霸主的"战略核优势"。同时，美国也是想凭借其强大的经济实力，通过军备竞争，把苏联的经济拖垮。

星球大战计划经由美国总统R.里根批准实施后，从1984年财政年度到1989年财政年度，总共投入了250亿美元，用于研究先进的反弹道导弹系统的关键技术和验证可能方案，以便到90年代初决定是否和如何发展这种系统。在美国人的设想中，是要建立一个多层次、多手段的反弹道导弹的综合防御系统，使美国能对苏联可能来袭的弹道导弹的弹道助推段、末助推段、中段和再入段，进行四层拦截。而要达成这一高难度的目标，就要研制天基定向能武器（如氟化氢化学激光器、核能、X射线激光器、带天基反射镜的准分子激光器、中性粒子束武器）和动能武器（非核拦截弹和超高速电磁炮等）。美国这一反弹道导弹的综合防御系统，是继“阿波罗登月工程”后又一项重大的系统工程，其总预算高达1万多亿美元。拦截系统由天基侦察卫星、天基反导弹卫星组成第一道防线，用常规弹头或定向武器攻击在发射和穿越大气层阶段的战略导弹；由陆基或舰载激光武器摧毁穿出大气层的分离弹头；由天基定向武器、电磁动能武器或陆基或舰载激光武器攻击在再入大气层前阶段飞行的核弹头；用反导导弹、动能武器、粒子束等武器摧毁重返大气层后的“漏网之鱼”。经过上述4道防线，可以确保对来袭核弹的99%摧毁率。同时在可能的核战争发生时，以反卫星武器摧毁敌方的军用卫星，打击并削弱敌方的监视、预警、通信、导航能力。

说到底，就是要用“高技术”占领“战略高边疆”，以各种手段攻击敌方的外太空的洲际战略导弹和航天器，以防止敌对国家对美国及其盟国发动的核打击。美国的许多盟国，包括英国、意大利、联邦德国、以色列、日本等，也在美国的要求下不同程度地参与了这项计划。

而以达成军事战略目的的一切科技进步，无疑都会“外溢”到相关科技发展领域，“星球大战计划”也不例外，它迅速带动了美国一大批“高技术群”的发展，从而保持和巩固了美国在经济、军事、科学技术等方面的领先地位。所以，从局部上说，“星球大战计划”还只是一项国防高技术和国防经济发展战略；而从整体上看，它又是一项综合而全面的国家总体战略。客观地讲，“星球大战计划”在加剧了苏美冷战紧张局势的同时，也极大地激发了美国国防工业和科技领域的创新精神，推动了相关技术的发展和应用，形成了一个包括火箭技术、航天技术、高能激光技术、微电子技术、计算机技术等在内的“高技术群”。

此时的中国，改革开放的步伐刚刚迈出不久，家用电话都还远未普及，手拿“大哥大”（移动电话）还是“身份地位的象征”，1983 年，上海才刚刚开通中国第一家寻呼台，BP 机（无线传呼机）才刚刚进入中国人的生活视野，而 BP 机这个通信产品在美国诞生的时间，是 1948 年。

苏联对美国“星球大战计划”的反应是快捷的，苏联领导人闻讯即开始强调：太空非军事化具有“头等重要”意义，并建议苏美就防止宇宙军事化问题举行谈判，还建议举行苏美外长级会晤，就空间、战略和中程武器问题进行一揽子谈判。苏联的立场非常明确，就是要把核裁军与战略防御计划挂钩，要求 10 年内美国的战略防御计划研究“不越出实验室”。此后苏联虽有所让步，同意美国可以“根据需要进行试验”，但试验必须在1972年反导条约允许的范围内进行，同时，仍坚持谈判战略核武器与太空武器挂钩的立场。

中国应该怎么办？

自1985年起担任国防科工委主任的中国工程院院士丁衡高上将，在一篇回忆录中谈道：

> 国防科工委为了应对美国《战略防御倡议》对我国家安全和国防科技带来的严峻挑战，在1985年开展了国防科技发展战略研究工作，并在当年10月、11月和12月召开了大型研讨会。在此期间，陈芳允老先生非常关心发展战略问题，他多次跟我谈到要认真地搞好发展战略研究这项工作，尤其强调要积极跟踪研究国外战略性高技术发展。在研讨会上，陈芳允老先生表示，中国只要能不失时机地抓住机遇、迎接挑战、发挥集中力量办大事的优良传统，就一定能保持我国在高技术领域占有一席之地。

陈芳允在会议上发言时，他的语调虽然还是那么平和舒缓，内心却激动难抑，他说："在科学技术飞跃发展的今天，谁能把握高科技领域的发展方向，谁就可能在国际竞争中占据优势。中国的经济实力不允许全面发展高科技，但我们在一些优势领域首先实现突破却是可能的。"

会议结束后，陈芳允没有就此放下这个重大议题。他怎么放得下呢？“星球大战计划”是20世纪又一个被开启的“科技潘多拉魔盒”，一旦揭开，无论释放出的是天使还是魔鬼，都必将在未来若干年甚至到新世纪，影响整个人类历史的发展进程。

“历史之弦”常常是由“机遇的手”弹奏的，中国历史上，曾经创造过引领人类的辉煌文明，但特别是近500年来，也曾多次与人类科技进步的重大机遇擦肩而过。“星球大战计划”将引领各个高科技的发展，如果我们现在还不觉悟，坐视这个重大机遇从眼前溜走，那么原本就瞠乎其后的中国科技，与世界先进水平之间的距离将进一步拉大，再想赶超，几乎就是个梦。

而科技的落后，将给整个民族带来什么，陈芳允太清楚了，这几乎是从他经历过的抗日战争一开始，就始终萦绕在他脑海、挥之不去的问题。对于中华民族的创造能力，陈芳允同样太清楚了，他相信我们这个民族，只要选择了正确的道路，绝对不乏科技创新的才能，绝对不乏赶超世界的勇气，绝对不乏埋头苦干的精神，绝对不乏坚忍不拔的人才。

夜不能寐——中国人不能无所作为；

夜不能寐——这个高科技的“战略制高点”上，不能没有中国的旗帜；

夜不能寐——中国必须在未来的“地球高科技俱乐部”中，拥有自己的席位；

夜不能寐——苏联和东欧集团已迅速制定了《科技进步

综合纲领》;日本也提出了《今后十年科学技术振兴基本政策》;西欧17国联合签订了《尤里卡计划》，提出建立“技术欧洲”的口号。中国，不能再等了；

夜不能寐——陈芳允穿上厚厚的棉衣，围上围巾出了家门。

严寒中的北京，天空中有一种深透沉滞的蓝色，位于中关村的中国科学院宿舍院子里一片冬夜的寂静，北风扫落白杨树的枯叶，踩在脚下嚓嚓有声。

陈芳允敲开了邻居王大珩院士的家门。

……两位老人的冬夜长谈，此后被人们做了各种有声有色的演绎，其实，有些细节是难以重现、难被记存的，这就是我们这些后人在仰望历史的星空时，必不可少的“遗憾”。但是，历史终究会记住那些最值得追忆的故事。据陈芳允先生的长子陈晓东回忆：

为了应对美国战略防御倡议对我国家安全和国防科技带来的严峻挑战，国防科工委在1985年召开了多次国防科技发展战略研讨会，会议期间父亲多次跟当时的国防科工委主任丁衡高谈道，中国只要能不失时机地抓住机遇，迎接挑战，发挥集中力量办大事的优良传统，就一定能保持我国在高技术领域占有一席之地。

正是基于此，父亲坐不住了，在1986年2月的一个晚上，陈芳允来到光学专家王大珩家商量，两人进行了彻夜长谈并达成共识：中国必须尽快提出自己的高科技发展计划！他们写出方案，又找到核物理学家王淦昌、航天技术专家杨嘉墀修改完善，人多力量大，于3月初，四人联名将《关于跟踪研究外国战略性高技术发展的建议》上报中央。

这份建议得到了邓小平等中央领导的高度重视，国务院以这份建议书为依据，组织制定了影响中国科技发展的《高技术研究发展计划纲要》，也就是著名的“863计划”。“863计划”的实施，为中国在世界高科技领域占有一席之地和飞速发展，奠定了坚实的基础。

邓小平同志在陈芳允和王大珩、王淦昌、杨家墀等四位著名科学家的《建议》上，重重地写下了“此事宜速做决断，不可拖延”的批示。此后，中共中央和国务院组织全国200多位专家就报告展开讨论，同年的8月和10月，国务院常务会议和中共中央政治局扩大会议，批准并开始实施《国家高技术研究发展计划纲要》，这个“纲要”有一个响亮的别称——“863计划”。

丁衡高院士认为，“对于那些默默耕耘、不求闻达的科学家，我觉得我有责任实事求是地把历史真相说出来”。他在回忆文章中写道：

实际上“863计划”的建议内容和向中央领导反映的想法，都首先是陈芳允老先生提出来的。在1986年2月的一个晚上，他来到王大珩老先生家，谈了自己的想法，得到了王老的完全赞同，并商定由王老执笔起草。

笔者辗转找到了那封重要信件的抄件：

……

我们四位科学院学部委员（王淦昌、陈芳允、杨嘉墀、王大珩）关心到美国“战略防御倡议”在世界各国引起的反映和采取的对策，认为我国也应该采取适当的对策。为此，提出了“关于跟踪研究外国战略性高科技发展的建议”。现经我们签名呈上，敬恳察阅裁夺。我们四人的现任职务分别是：

王淦昌　核工业部科技委副主任

陈芳允　国防科工委科技委专职委员

杨嘉墀　航天工业部空间技术研究院科技委副主任

王大珩　中国科学院技术科学部主任

王大珩　敬上

1986年3月3日

后人或许会问道，这个“863”，是怎么叫起来的？据原中国科学院党组副书记郭传杰回忆：

刚开始时，制定工作一律按绝密级要求进行。不公开，不发新闻，任何有关的字条、纸头，都不得泄露，晚上上交，一律用粉碎机处理，我以前从未见过那玩意儿，办公室那台好像还是临时通过驻外使馆调来的。这样工作了一个多月后，有一天被某媒体泄露了个消息，说中国正在制定高技术发展规划。当天晚上，召集工作人员开紧急会议，商量怎么办？大家的意见说，再也保不住密了，索性公开，具体内容严格保密，计划编个代号。后报经党中央批准，决定以“863”（即86年3月开始制定）作为代号，公诸于世。

朱丽兰，是1986年7月1日卸去中国科学院化学研究所所长职务，出任国家科委副主任的。她对“863计划”的回忆，都来自亲身的经历——

为什么把这个计划叫作“863”？因为王大珩、陈芳允、王淦昌、杨嘉墀的“四院士上书”，是在1986年的3月3日；而邓小平同志的批示，就在两天之后——3月5日。当时“四院士”的呼吁是急切的：应尽快发展我国的高技术，跟踪世界先进水平，甚至提到“此时不抓，就会落后到以后翻不了身！”小平同志批示“此事宜速决断，不可拖延！”正式回应了“四院士”的急切之情。

这年10月，邓小平会见李政道和意大利学者齐吉基，对他批复建议书时的心情和考虑有所表露：“对于科学我是外行，但我是热心科学的。中国要发展，离开科学不行。”“在高科技方面，我们要开步走，不然就赶不上，越到后来越赶不上，而且要花更多的钱，所以从现在起就要开始搞。”

我国政府迅即成立了领导小组，编制我国20世纪末、21世纪初的《高技术研究发展计划（863计划）纲要》，简称“863计划”。朱丽兰回忆说：

> 当时就由国务院和中央领导组织了一个专门的小组来讨论，它的目标，怎么样起步，怎样来支持。同时，马上就组织了专家来定，在哪些领域当中，怎么样来发展。最后“863计划”整个部署的出台，是经过了中央政治局的讨论，这样一项计划经过中央政治局讨论，这是很少的。
>
> 1986年11月，一个面向21世纪的中国战略性高科技发展计划公布于世。这项计划从世界高技术发展趋势和中国实际需要出发，选择生物、航天、信息、先进防御、自动化、能源和新材料等七个领域15个主题项目，作为我国发展高科技的重点，1996年又新增了海洋技术领域。

这个计划当时就确定了这么一项指导思想——“有限目标、突出重点”，要积极跟踪（国外），而且要争取在优势领域要超赶。

在整个计划的讨论过程中，经费无疑是最关键又最敏感的问题，因为高科技就意味着高投资。提出建议的科学家王大珩说，没想到中央最后竟批了100亿的专款，相当于当年全国财政总支出的二十分之一。

关于这个“100亿”，准确的说法是这样的——从“七五”期间先投资10亿元开始，到2000年15年间，总投资约100亿元人民币。在国务院对“四院士上书”开过讨论会之后，国务委员张劲夫约谈了王大珩、陈芳允、王淦昌、杨嘉墀“四院士”。谈话中，最为关键的是在国家财政经济条件有限的情况下实施这个“863计划”，究竟需要多少经费支持。对此，王大珩院士有对细节的回忆：

后来（领导）就问：你们要多少钱？王淦昌在会上说：能省就省，我看，就是几个亿吧！后来真正当成大事情干了，给了一百个亿。

中国工程院院士戚发轫说：“‘863计划’（开始时）是七大领域，其中一个领域就是载人航天。中国人一定得上天，再不做准备就来不及了。”

今天，当我们从电视新闻中不断看到中国宇航员往来于大地与太空之间的消息时，当中国的宇航事业不断传来“登陆月球”“追梦火星”的奇迹时，当我们无时无刻不在仰赖于中国的“北斗”系统时，“863”仍然是绕不开的话题。

这是中国科教兴国的一个重大战略部署，不仅是中国高技术发展的一面旗帜，也是中国科学技术发展的一面旗帜，它将中国推向了世界高科技竞争的起跑线，也开启了中国科技腾飞的新征程。“863 计划”于 1987 年 3 月正式实施。实施以后，全国数万名科学家参与攻关，在高技术及其产业化领域取得了重大成就。2001 年，“863 计划”实施 15 年时，“仅在民口 6 个领域的 230 多个专题中，就资助项目 6900 余项，获国内外专利 2000 多项，发表论文 47 000 多篇。累计创造新增产值 560 多亿元，产生间接经济效益达 2000 多亿元。”2008 年 11 月，来自《科技日报》的一篇报道称，节能环保汽车、载人航天工程、高性能计算机、下一代移动通信等“863”计划支持的自主研发成果，有效地促进了我国在高科技领域从“跟跑”到“领跑”的转变。

“务使世称中华好”，世界如何才能“称中华好”？

就是要靠这样的突破、这样的突围、这样的突飞猛进，陈芳允先生 1986 年的那次冬夜之行，将永远被记载在历史的重要页面上。

让我们重新回到与先生的“跨时空对话”中——

先生，到您家做补充采访时，我终于见到了您生前书桌上那只棕黑色的陶瓷小狮子，它刚鬣纷披，四爪踏地，长尾劲卷，回首长啸，像是在寻找和呼唤它当年的主人。而在它的脚爪间，有您贴上的一方邮票大小的纸片，您在纸片上赫然题写了四个字——“醒狮独步”！

先生，您温文平和的长者微笑背后，难道还藏着一颗不肯怠惰、不肯衰老的“狮子的雄心”？

先生我们知道，在您生命的最后几年，您一直敏锐地关注到“小卫星”问题——

1992 年，美国，华盛顿国际宇航学术大会，您作为国际宇航联合会（IAF）副主席，做了《多个小卫星空间对地观测系统》的报告；

1996 年，80 岁的您在第 47 届国际宇航联合会大会上宣读了《地球环境观测综合卫星系统与国际合作》的论文，这是国际宇航联合会（IAF）唯一一次在中国举行的大会，为祝贺大会在北京顺利举行，中华人民共和国邮电部还发行了志号为 1996-27 的纪念邮票两枚，一枚图名“中国长征运载火箭”，另一枚图名“中国通信卫星”——都是华夏大地、炎黄子孙叩问苍穹、对话星河的标志；

1997 年，意大利，您出席第 48 届国际宇航联合会大会，宣读了您与人合作的《空间系统在中国减灾的应用和预期的进步》；

1998 年，澳大利亚，在第 49 届国际宇航联合会大会上，您再次提交了《小卫星系统用于地震前期预报》的学术论文……

“小卫星”——即通常所说“卫星质量500—1000公斤”的卫星，而100—500公斤的卫星则称为“微小卫星”、10—100公斤的称为“显微卫星”、小于10公斤的称为“纳米卫星”。美国人埃隆·里夫·马斯克（Elon Reeve Musk）2002年成立了一个叫太空探索技术的公司（Space X），2014年，马斯克提出一个“低轨互联网星座计划”，即热词儿——“星链计划”，这个雄心勃勃的计划，可以进一步提升美军导航定位系统的精度和抗干扰能力，可以对来袭洲际弹道导弹弹头实施直接碰撞式拦截，可以有效推动军事通信网络与商业通信网络之间的无缝切换。其远景宏大的目标，是建设一个全球覆盖、大容量、低时延的天基通信系统，在全球范围内提供高速互联网服务。在该计划的蓝图中，拟用4.2万颗卫星来取代地面上的传统通信设施，从而在全球范围内提供价格低廉、高速且稳定的卫星宽带服务，具体而言，就是要先于2019年至2024年间在太空搭建由约1.2万颗卫星组成的“星链”网络，提供互联网服务，其中1584颗将部署在地球上空550千米处的近地轨道，并从2020年开始工作。该公司还准备再增加3万颗，使卫星总量达到约4.2万颗。2022年5月22日，太空探索技术公司（SpaceX）的Starlink卫星互联网服务又取得了阶段性的测速结果，结果显示该服务下载速度达到了301 Mbps。而这个计划中所发射的卫星，都是“小卫星”，目前星链卫星的主力型号v2 mini，已是第5个迭代版本。

SpaceX 官方介绍，这种 v2 mini 卫星的质量只有 790 公斤，造价不过 50 万美元，而其数据传输速度高达 20Gbps，是第一代星链卫星的 4 倍，其最低使用寿命可达 5 年。

先生，您曾预见“小卫星”将改变人类生活和世界历史，使宇航空间环境发生革命性的转变，这一切正在发生、正被验证。

而此时，我们多么想听到您的声音。

也许，您对您的传记作者那些片段的谈话，会让我们读出您的预见、您的思考、您的担忧、您的期待……而这些话语，仔细读来，其实是足具科学史意义的。您说道：

“我原来是搞测控的。到国防科工委科技委以后，实际上我的思路已经转到研究卫星的发展与应用上去了。但我关心的是利用太空造福人间的事情，至于深远太空的远期目标，我不太关心。

“从 80 年代开始，国际上关于航天器的测控的概念也发生了变化。可是，我们国家还是老样子。国际上的发展，我一直在跟踪。80 年代以后国际测控技术的新变化，最主要的是：从过去以地面测控为主，改变为现在的以卫星自己测控为主。

“我们现在存在一个问题，总是强调放上去了多少个卫星。但对于卫星技术的研究发展和应用，却重视不够。比如，从 80 年代开始，国家上搞的卫星渐趋小型化。用小的代替大的。当然小卫星也不能完全代替大卫星。但有许多是可以用小卫星来代替的。也就是说，可以用小的代替，就不一定要用大的。

“从整体上来考虑，卫星是可以逐步小型化的。卫星内部的部件可以变小。卫星内的元器件可以变小。所以，我们一定要关注国际上卫星的小型化问题。

“从国际范围来讲，我是最早提出并提倡小卫星概念的人之一。现在的卫星，大部分用于高空物理探测、太阳与热地的关系的探测、臭氧层温度变化的情况等等。现在对地球下面的观测也用上了。我从 90 年代初期开始，与搞地学的、搞自然灾害的专家们结合起来，提出了用小行星系统来观测自然灾害，检测和治理自然灾害的问题。

“由于角度的不同，普通一颗卫星，对地面的观测有一定的范围。我们想的新办法是，将卫星小型化，采用系列卫星。用七颗卫星，就可以一天检测两次世界的任何地方。1992 年，在一次国际会议上，我发表了这个研究报告，引起了很多人的兴趣，得到了很多人的赞同。

“美国在海湾战争时，用一颗卫星感到不够，便用了好几个，还租用了别的国家的卫星。但他们还没有系统地意识到这个问题。

“卫星一般对地观测解决了分配率的问题，但没有解决时间分配率的问题。卫星经过一次，美国是 17 天重复一次，法国要 26 天重复一次，时间都太长了。这么长的时间，自然灾害就过去了。我们这个小卫星系统，就考虑到了这些问题。

“英国 Sulluy（萨利）大学的马昌·史维丁，从 1989 年就开始做小卫星。他在世界上做出名了。到现在，这个大学做了十七八颗小卫星，打上去效果很好。他说，他是根据我们写的文章，在受到启发后才这样做的。我们每颗卫星设计重量是 150 千克到 200 千克，他改成 50 千克，很便宜，50 千克只有 250 美元。

“小卫星做起来比较容易，一年半到两年就做出来了。现在国际上找他做小卫星的人很多。可是我们现在也还没有列入国家计划。去年（1996 年）上半年，原拟作为国家重大工程列入计划，后来也没有弄起来。

“今年我去意大利开会，我有个报告。我发现，这时全世界改小卫星的人就比较多了。实际上，这个概念我们是最早提出来的。可是我们让别人赶到前面去了。

“卫星移动通信发展很快。利用卫星通信网进行移动手机通信，小卫星由于轨道的问题，还没有进入这个领域。通信需要有一定的发射功率。今年我提出了这个问题。我考虑把新技术用上去，从整个系统考虑，是可以做到。可以从手机的形状和天线上做点文章。

“小卫星多快好省，不一定多，多了后要省、要好。部件要少，可靠性要高。这样一来就省得多了。

“我们想从小卫星对国民经济关系比较大的方面来做。至于从国防上来讲，小卫星的用处就更大了。侦查、情报传递等等，都可以用小卫星解决。现代战争主要还是打信息战。打信息战一刻也少不了小卫星的传递功能。最近几次发现美国不明飞行物，不明飞行物把你的雷达都干扰了，它是隐形隐声的，怎么办？那就做反隐身雷达。

“国民经济的发展与通信技术的发展是密不可分的，没有信息产业的发展，国民经济也不可能发展。在这方面，我们不但要跟上国际的步伐，还要有所作为，以人无我有的东西，来参与国际竞争。

“关键是不要认输，不要认为自己不行、人家行。我脑子里有几个问题：第一，从市场上看，中国本身就是一个国际市场。我们自己就要有这个概念。你做得不如人家好，你就连国内市场也占领不了。第二,眼光要盯在国际上的最高目标。现在多少技术人员没有事做，工业上设备闲置。应该用起来，做科研开发。第三，真正要干，就要盯上国际上的最高水平。从信息战来讲,就要针对美国。做事情要站到人家肩膀上……”

先生啊，位卑未敢忘忧国，为了一个民族的强大，您这位老人从来也没有停止过这样的思考，从来也没有停止过这样的“鼓”与“呼”！

这就是您的“雄狮独步”！

先生，我又看到了您 76 岁时登长城时的那张照片，那应该是 1992 年的早春吧？长城内外，残雪未消，您穿得暖暖的，戴了顶厚呢鸭舌帽，笑眯眯地站在城墙垛口旁，您背后的长城龙蛇起伏，阳光下的石阶像是一排苍云朗日下的巨大琴键……可惜，没有看到有人回忆这次长城之旅，但所幸还能知道您当时的心情，因为，您在照片的背面题写了“背负历史责，炎黄子孙承”十个字。

先生，我知道您不甚重于文辞考究之类的事情，但你所要的意思表达得是非常清楚的——作为炎黄子孙，我们确实肩负着重大的民族振兴的历史责任，而做什么人、干什么事、承担多少重量，这些，您用一生的奋斗一一给出了答案。

先生，让我们跨越时空，回到您少年时读书的黄岩中学吧。家乡的母校现在竖立起您的半身雕像，下面镌刻着您自撰诗句："人生路必曲，仍须立我志。竭诚为国兴，努力不为私。"而对故乡学校的孩子们，您的题词是：

学无止境，贵在精解。
踏实工作，志在兴国。
学用结合，深思创新。
——陈芳允

24个字，是您的忠告，也是您的希望，但更像您的自述。读着这朴实无华的警句，让我们感到您正在遥远的星河深处，关切地注视着我们。

愿这一切跨越时空的想象，真实不虚；

愿星河灿烂，人海潮涌，永不停息，璀璨而激荡于今日，与未来。

2023年11月2日初稿、2024年6月2日再改

后 记

本书在写作过程中，著者承蒙陈芳允先生的长子陈晓东先生、儿媳陈金凤女士拨冗受访，提供了珍贵的历史细节和史料实物，同时，著者还参阅了中国科学院电子学研究所、台州市档案局联合汇编的《陈芳允百年诞辰纪念文集》和台州市档案馆汇编的《功勋院士陈芳允》，在此深表感谢。

著者还参阅了胡士弘著《两弹一星功勋科学家陈芳允》（河北少年儿童出版社，2001）；马京生著《陈芳允传》（中国青年出版社，2016）和《天眼》（解放军出版社，2001），特此感谢两位作者。

本书"附录"部分包括：《陈芳允先生自撰年谱》《陈芳允先生致王克宬先生的信》，陈芳允先生遗作《卫星上天，我们测控》，还有陈先生哲嗣陈晓东先生、儿媳陈金凤女士的文章《我们的父亲陈芳允》，及陈先生哲嗣陈晓南先生的文章《竭诚为国兴，努力不为私》。这些文章、信件，提供了大量珍贵、鲜活的第一手历史信息，十分宝贵，史料价值非常高，亦为本书的写作提供了重要的依据，故此收录于兹，一方面，可补著者拙笔所不能及处；另一方面，也愿如先生所言："对青年可以起一些鼓励的作用。"

对以上著述、编撰者的敬意，亦非笔者区区一句感谢，所能尽言了。

专此，再次致敬。

著者　舟欲行

2024年6月2日

【附录1】陈芳允自撰年谱

1916.4.3（阴历三月初一），出生于浙江省黄岩县（也可能是生在杭州，但此事我记不清了）。

祖父是裁缝师傅，父亲不愿继承祖父的手艺，青年时去杭州，不知通过什么渠道，考到保定军官学校。那时是清末，他在校倾向反清。毕业后回到杭州军队，受舅父（许某，名字忘了）影响，辛亥革命时投向国民政府，做到上校营长。后因不满军阀混战，回到黄岩（大概在我十一二岁时）买了一些土地，开了一片[爿]酱源[园]店，还做酒，成为黄岩士绅之一。母早亡（大概是在我七岁时亡故），同母妹一人（芳兰），好像洋人，发黄、眼珠浅色，皮肤白。父亲娶继母（她是安徽之家出生，随家迁来黄岩的），生一小妹（芳莲），也很白，人说我家有洋人混血，但无考证。

上初中前读私塾，先在家里请过一位老先生，读过论语、孟子，后来到东禅寺巷一个落第秀才朱希晦家，读《古文观止》等，没学进什么，只是作文（半文半白）还可以写一两篇。

1928 秋，上黄岩县立中学（旧名清献学堂）初中，功课不好不坏，大概国语（当时语文称国语或国文）、英语、数学等较好，其他平平。学校里算我是较好的学生，但后来我自己考虑，应该只不过是中等或中下。

1931 年，在上海和一些同乡同学一起考上浦东中学高中。那时 918 [九一八] 事变，日本侵占我国东三省。上海市学生运动，反日游行，上南京请愿，被蒋介石派兵押上火车回上海。我虽然是跟着跑，但心中还是有觉悟的。但不知道走什么路才能救中国。1934 年快毕业时，因怕罢课毕不了业，和一些同学表示不赞成罢课，几乎被打。这三年读书很少，英语、代数好一些，因为毕业时也没有正式考试，无所为 [谓] 成绩。浦东中学是杨斯盛毁家兴学办起来的,此后有时想起来，觉得很对不起他。在浦东中学时，有一阵子感冒咳嗽很厉害，数月不好，后经父亲认识的医生叫喝一种英国出的药水“须罗灵”，很快就好。我现在有肺气肿，可能是那时便种下了根。

1934 [年] 夏天考大学,先考上海交通大学,后考清华大学。交大的题目多而烦，清华的题目少而需要思考。我因为准备不足，交大没有考取；但清华有几个题目给我想对了，勉强录取，进了机械系。进清华后，遇到同乡同学王天眷，他原是交大学生，1932 年入党，后被捕入狱，出来后重新考入清华的。到二年级时，我们同住一个房间，对我的影响较大。

1935 [年]，清华一年级时因读机械系，要学工程绘图，画好不易，占时太多。1935 年期终考试，因物理课得了一个

S+（那时清华打分用 5 分制,S 表示佳）,我就转到物理系学习，对物理实验很有兴趣。1935 年冬,一二九 [一二·九] 运动爆发，我经过进清华后一年多的思考，站在革命的一边，但没有参加组织,如“民先”,只是在外围做一些工作,如办民众夜校等。35 年底，参加学生会组织的到绥远慰劳傅作义部队抗日的宣传队。

1936 年初，自绥远回来得肺炎，在协和医院住了近两个多月，回校后复原很慢，半年没读多少书。

1937 年暑假回黄岩,77 [七七] 事变发生,抗日战争开始。清华通知迁长沙，我和几个在清华、北大的江浙同学相约同去长沙上临时大学。不久因饮食不慎，得伤寒症，住长沙湘雅医院，那时因日寇开始进攻武汉，学校部分教师同学步行往昆明。

1938 年初，我自医院出院后，因体弱不能步行，和教师、同学经广州、香港、越南到昆明，进西南联合大学（北大、清华、南开三校联合）物理系。任之恭、孟昭英教无线电课，还有实验无线电课，我对之很感兴趣。毕业后，虽经学校介绍到一些地方，但未去成。后经任之恭先生建议，我到清华无线电研究所（在昆明大普吉,和其他几个清华研究所在一起）去当了助教，做有关无线电通信方面的工作。

1939 — 40 [年]，在无线电研究所时认识在隔壁的生物研究所工作的沈淑敏，成为朋友，即我的爱人。

1941 [年]，因想对抗战做一些工作，经任之恭介绍于

1941 年夏天到成都航空委员会无线电厂（厂长倪尚达）工作。该厂修、造飞机上的无线电设备。去后不久，因搞无线电定向仪有成绩，被提为研究股长。那时在研究股的有陶晓光，他是陶行知的儿子，和我成为好友。

1942—1943 [年]，沈淑敏于 1942 年冬从昆明经贵阳到成都华西大学任助教，我们 1943 年在华西大学刘承昭 [钊] 教授（他的爱人胡淑琴是沈淑敏的好友，刘是他们二人在东吴大学时的老师）家结婚。

1944 年，当时美、英两国认为二次大战即将结束，为了战后在中国投资获利，两国工业界在中国招收一批人去学习技术，目的是中国建设时买他们的货，做他们的代理人。美国方面先行招考，英国的后考。我当时并不想出国，只是去试试。美国方面我报考“电影工程”，英国的考“无线电工程”。美国的发表我考取在先,44 年秋我去重庆“教育部”报到要出国（事先未告知厂里），却经厂里去函，说该人厂里工作离不开，加以阻止，没有能出去。当我在街头彷徨，考虑是否回厂时，适遇航空委员会在重庆机关的一个参谋（姓王），他告我英国的你也考取，快回去办手续到英国去。当即，航委会机关同意后回厂，于 44 年底前办好出国手续，45 年初经印度去英国。

1945—1948 年春，在英国 A.C.Cossor（科索尔电子设备有限公司）无线电厂研究室工作。先在伦敦搞电视接收机线路改进工作，后转至曼辙 [彻] 斯特该厂雷达研究室做海用雷达显示器等方面的工作。48 年春，海用雷达样机完成，装在玛丽皇后号船上试验，我在船上参加试验，到 4 月试完后，即回国。

1948 年 5 月回到上海，那时成都无线电厂已经没有，厂长李敬永在上海搞了个无线电研究室，只有几间空房子。航空委员会叫我到上海（那个机场我忘了）机场去工作，我不愿为国民党打内战，和爱人带着孩子回了老家，回到上海被记了一个大过。以后，还是李敬永把我调到他的研究室。到 48 年 10 月初，正是淮海战役激烈时，航空委员会又要调我到南京去，我不愿去。先找陶晓光（那时他也在上海，和解放区有联系），想到解放区参加革命，但等候他不到，只好跑回湖州我爱人家，请岳父（医生）替我脚上造了一个假伤。回到上海，告诉李敬永说：因伤不能去南京。李敬永知道我的意思，干脆把我送到医院里住下，回复了南京。我住到 12 月中旬，李来找我说国民党有的跑广东，有的去台湾，你也可以出院另找事吧。我出院后和中央研究院生理生化所所长冯德培联系，他是浙江台州的老乡，在英国时遇到。他是研究神经电生理学的科学家，需要一个电子学的帮手，叫我去他所当了技正。

1949 年，上海解放前夕，在地下党的领导下，参加组织维持秩序的革委会，同时劝阻中研院科技人员不要去台湾。

1950 年，中央研究院改为中国科学院，上海成立分院。我受党的安排，在组织工会时当了工会主席。后被派到北京学习马列主义（在西苑），约半年。

1952 年夏，中国科学院吴有训副院长嘱，筹办电子所。

1953 年，筹备已有一定基础，但因当时科学院拟首先建立原子能方面的研究机构，负责人钱三强同志知道电子学对于原子能研究非常重要，故院里决定将电子所并入钱领导的近代物理所，为原子研究服务。但钱同意在所里同时发展电子学方面的基础研究。

1956 [年]，参加国家 12 年长期科学规划制定工作。规划后，电子所是 4 个紧急措施之一。因此我们又从近代物理所（后称高能物理所）分出，重新筹备电子所。

1957 [年]，苏联人造地球卫星上天，我们对其进行了无线电测量和定轨。

1958 年春，日环食带经过我国海南岛南端，是最好的观测太阳电辐射的机会（4 月 19 日），由苏联建议组织中苏联合观测队。因当时我国天文方面缺乏无线电（或称射电）技术人员，科学院叫我作为中方的领队，在海南岛南端三亚和陵水 2 个点观测，我们在海南工作了三个多月。后来，同北京天文台的王绶琯同志共同创立了我国的射电天文研究。

1958—1963 [年]，在电子所 4 室（我为室主任）从事脉冲技术研究工作，提出并完成纳秒（即毫微秒）级脉冲采样示波器的研究试制，把采样示波做成可以携带使用的仪器，在国际上是首创。这时，我国国防部门（国防科委）研制原子弹，科学院方面承担了原子弹爆炸测试用的多道脉冲分析器，此一任务交到 4 室，制定了方案，我们以较快的速度完成了研制工作。

1964—1966 [年]，接受了国防科委为空军研制机载抗干扰雷达的任务，称“654”雷达。完成后，由电子部工厂制造，装备了大量的歼击机。这是我国第一次在飞机上使用单脉冲体制。

1964 年下半年，开始酝酿人造地球卫星工作，和科学院地球物理所、天文台、测地所等技术人员共同参加了该项工作。

1965 [年]，科学院在成都成立了西南电子学所，我被任命为该所副所长。但因我国开始搞空间技术，科学院为卫星的测量和控制成立了 701 工程处，叫我为总体技术的负责人，以故，事实上去成都的时间很少。

1966 年，“文化大革命”开始后，空间工作在科学院很难继续开展工作。故与之有关的科学院新技术方面的研究所，大部分调到国防科委。我当时又是西南电子所的副所长，又是 701 工程处的技术人员。前者改为 504 所，属第 5 研究院，搞卫星工作；后者则将划归国防科委 20 基地 6 部，搞地面工作。因考虑到地面工作活动余地大，研究工作较多，故表示愿继续 701 的工作，于 1967 年调至国防科委 20 基地 6 部（即今 26 基地）工作。

1967—1976 [年]，参加 26 基地卫星测控系统的建设工作，我主要是参加总体设计和设备研制工作，以多普勒测速仪为主的我国第一代卫星测控系统完成后，68 年提出了将工程遥测并入多普勒信标向地面传输的建议，试制获得成功，至今沿用；1970 年提出通信卫星测控的微波统一测控系统。设计后于 74 年起由工业部门试制成功，于 84 年起应用于我国的通信卫星发射等。

1976 [年]，调国防科工委测量通信总体所，为副所长，是年参军。

1977 [年]，加入中国共产党，得以实现数十年的愿望。

1980 [年]，被选为中国科学院学部委员，兼任技术科学部副主任至今。

1984 [年]，调国防科工委科技委为常任委员，做了一些项目的总体论证工作。

1985 [年]，兼任国防科技大学教授，博士研究生导师，获得国际宇航科学院（IAA）院士称号。

1986 [年]，和王大珩、王淦昌、杨嘉墀共同提出了我国应集中相当力量，发展高技术的创议，得到了国家领导人的批准，称为“863 计划”。这项计划的执行，将对我国在 21 世纪初期进入国际科技先进行列起到重要的作用。

1988 [年]—现在，为科技委顾问。几年来继续进行新的空间系统的研究工作，先后提出了“自然灾害监测、控制系统”“多个小卫星空间对地观测系统”等。

1990 [年],被选为国际宇航联合会（IAF）的副主席之一。

【注 1】本文是根据浙江人民出版社 2014 年出版、由浙江省台州市档案局编纂的《功勋院士陈芳允》一书第 198—203 页所载陈芳允先生手书影印件原文转录的，原文所列年份截止到1990年。

【注2】原影印件无标题，《陈芳允自撰年谱》是笔者转载时所加。

【注3】文中( )的内容，均为陈芳允先生原文；个别错字、漏字、符号，用“[]”加以纠正。

【注4】原文中所言“民先”，即中国共产党领导下建立的青年抗日救国团体——“中华民族解放先锋队”。

【附录 2】陈芳允致王克宬的信

克宬兄：

收到来信已经很久，由于我最近一个时期得了肺炎，住院治疗（授勋时是从医院出去的），病并不重，但因年纪大，炎症退去很慢,因此还不能出院。家乡来的祝贺有区人民政府、黄岩中学和你，还有林希圣，我首先表示由衷的感谢。黄岩中学是我们的母校，我已复了一个电传，感谢母校对我少年时代的培养。

给你（我们是最老最诚挚的朋友）写回信，我想趁此写一点我的曲折人生的一些经历和对于科技工作的一些看法，如果你看可作为中学教育的参考，则可给校领导看看，如果能在校刊上发表，也许对于青年同学会起一点教育作用。

我们这一代，适逢中国和世界大变动时期，特别是 50 年前人民共和国成立之前，我们的人生经历是曲折的，如果选择不当，可能会误入歧途。对于人生道路的选择，思想观念的发展起着根本的作用。说到我自己的思想发展过程，我就要感谢我们的老乡王天眷了。在清华时，他和我同住一室，当年他是一个党员。“一二·九”运动时，我曾倾向于进步同学一方，也做了一些外围的工作，但心中还是不很明确，犹犹豫豫，是天眷在平日谈话中使我了解了共产党的宗旨和抗日主张，产生了反对蒋介石国民党的心理。后来我随学校搬到昆明，毕业后前几年在清华无线电研究所。三年的工作，使我建立了就在国内这样差的工作条件下也不见得搞不出一些新的研究工作的信心。但当时我想为抗日做些事，1941 年经所长任之恭的介绍到成都无线电厂工作（该厂属国民党航空委员会）。1944 年初，有一次他们叫我到重庆安装一部美国送的飞机导航设备，装好后所长叫我把导航方向指向西北，而不是该打日本人的地区。这就使我十分怀疑他们的用心，从此产生了不为国民党做无线电工作的想法，想脱离这个无线电厂。那时正好二战快要结束，美英等国的工业部门在中国招考一些技术人员去他们国家工作，以便在熟悉以后，战后回国可以帮他们做生意（属于“租借法案”的一部分）。我在成都去考了两个项目——一个是美国的“电影工程”，一个是英国的“无线电技术”，目的就是想离开工厂。1944 年先通知考取了“电影工程”，由当时的“教育部”送出，但是我到重庆报到时教育部说成都厂里来了信，说厂里要用此人，不让走。我当时心里很气，实在不想回成都了，第二天在重庆街头徘徊考虑，却偶然遇到航空委员会的一个参谋，他说你考的英国“无线电技术”也已考取，可以直接在重庆报了名就出去。那年就这样于年底和另几名人员经印度到了英国，在 A.C.Cossor 无线电研究室工作。于 1948 年 5 月回国，当时成都无线电厂已经没有了，原厂长在上海搞了一个小研究所，仍属航空委员会，我也只有暂时作为所里的工作人员。刚回来时南京方面想派我到飞机场去工作，我坚决不去，带了妻儿到老家住了一个多月，回到上海时被记了两个大过。最关键的是十月里的某一天下午，南京航空委员会来了一个电话找厂长，他不在，正好是我接了。电话中说，就是要找你，叫你快些来南京做空军无线电指挥联络的工作，并说战事很紧张，必须立即就去。接了电话以后，我知道两条道路的选择很明确地摆在我的眼前，而且必须立即做出抉择。这天下午我立即作出了绝对不为国民党打内战（正好是淮海战役时期）的决定。而且想出了办法，趁厂长不在，我出去搭上长途汽车，回到爱人沈淑敏所在的湖州（那时她还带着孩子在湖州一个中学教书）。我的岳父是老医师，我们商量了一个办法，是拔去左脚大脚趾的指甲（整个），造成一个血肉模糊而且是无法走路的样子。第二天早上我瘸着腿回到上海，住进了一个小医院，打了个电话给厂长，他来看我一次（我看他心里是明白的），说：既然不能走，就搬个正式的医院吧。

就这样，我留在了上海（如果到南京去就有可能去了台湾），后来（12 月）到了中央研究院生理生化研究所（所长冯德培是临海老乡）。现在回想起来这次经历，觉得人的思想认识基础，对于人生的选择，真是关系太大了。我希望母校的青年同学们多学习我国的历史，提高对政治思想基础的认识。

关于“两弹一星”的工作，我想最主要的是发挥了大力协作的精神，不是少数人所能完成的，年青 [轻] 的同志也很多。我当时搞卫星的测量和控制工作（测控），主要做测控的设备，提出的有些设备很大，实际上是设计好后请其他部门做（如中科院、电子部）的，又如对卫星测量后，计算运行的轨道，我们是让年青人向天文学家学的。因此，叫我说自己所起的作用，主要是：①使用设备的提出和按要求来设计，必要时自己参加研制；②参加全国的布站和太平洋设置两条测量 [船] 的小部分工作，对于新的卫星上天要用的测控仪器，则大部分是我提的，做出设备还是要靠大家一起来做的。对于“两弹一星”这样最后要有可用成果的大系统工作，十分需要基础科学和技术以及各种科学技术间的相互交流和合作。因此和技术人员的组织工作也有很大的关系。那时周总理、聂荣臻、张爱萍等领导的工作，我认为是最重要的基础。“863 计划”也一样，如果当时没有送到邓小平同志那里，肯定会不了了之。以我自己来说，能在新中国为祖国做出一些贡献、没有为反动派做什么事，这就是自己的志向，也满足了解放前绝不为国民党打内战而要为人民服务的志愿。以后只要有可能，我还要竭我的能力，还会为卫星做一些工作。事实上，在 1984 年我调科技委以后，我和小组共同工作者，还在对几种重要的应用卫星系统进行了比较全面的系统工程研究，提出了几种新的适合于我国具体情况的系统，希望今后能选用。

上月我收到黄岩寄来的《黄岩通讯》(1990年第10期)，登了一篇胡士弘写的《中国卫星的“如来佛”》。胡士弘是上虞人，对我的情况是比较了解的，但是经过文学家的加工之后，许多事实变得不像是事实了。因此我把前面的事实和我的一些看法寄给你，若能把那些吹牛的部分去了，用我的原文刊登到校刊上，则对青年可能起一些鼓励的作用。

我还住在医院里没有出去，一是肺炎好得很慢，二是腰腿不好，走路困难，手脚还有发僵的感觉(你看我信上写的字，就知道了)。我仍希望不久我会好起来，不久再给你写信。

祝

安好！

芳　允

1999.11.21

【注】本文是1999年11月21日，陈芳允先生在病中致王克宬先生的信，王克宬先生是他的黄岩同乡、黄岩县立中学同学，被陈芳允称为“最老最诚挚的朋友”。文中( )内的内容皆为原文；个别漏字，用“[ ]”做了添加。该信曾在陈芳允先生母校黄岩中学的校刊《清献园》2000年1期上全文刊载，这也是陈芳允先生一生中最后一封长信。

本文是笔者根据浙江人民出版社2014年出版、由浙江省台州市档案局所编《功勋院士陈芳允》一书转载的，转录时核对了陈芳允先生原信的影印件。

【附录 3】陈芳允文章:《卫星上天，我们测控》

“人生路必曲，仍须立我志。竭诚为国兴，努力不为私。”

我在 1952 年受中国科学院吴有训副院长嘱托，开始筹建电子学研究所。1953 年秋天，钱三强从苏联回来，他为研究原子能办起近代物理所（后改称原子能所）。钱三强知道原子物理研究工作离不开电子学，例如加速器、射线测试等都要有电子学知识的人来做，提出要我们到他们所去一起干。我则认为电子所筹备近一年，已具备一定的人员和仪器规模，停止了筹备工作可惜。

那是 1953 年秋天的一个晚上，吴副院长把钱三强和我找到他家，进行协商，直到深夜。钱三强反复强调电子学对核物理的重要性。经过吴副院长的协调，最后我们达成一致：电子所筹备处先并到原子能所作为其一个研究室，由我带着一部分人配合物理方面的研究，为原子能所做工作，其他人仍继续做电子学发展几个重要方向的工作，继续筹备电子所。我们这些人不散，到一定时候再全部撤出来建科学院电子所。

这样，在1953年年底，我们并入了原子能所。

1956年，在十二年科学规划后，中国科学院实施“四项紧急措施”，组建电子所、半导体所、计算所和自动化所。钱三强信守诺言，同意我们从原子能所撤出来，他仅仅留下了两个人。钱三强是一个很值得人们佩服的人，我们都很尊敬他。

顾德欢、马大猷、孟昭英和我是电子所筹备组成员。电子所成立后，我任四室主任，主要搞电子线路的研究，与核物理有关的电子仪器的线路研究工作仍在继续进行。

1962年，由于核弹研究的需要，要求我们做了一台多道脉冲检测仪，这个仪器是用来测量射线的。如果说，我们为“两弹”做了什么贡献的话，也就这么一点儿。

我在中科院电子所四室任室主任时，主要做了这么几件事：大约是1963年前后，我们做脉冲的产生、放大和观测，做出了一台毫微秒脉冲取样示波器，是国际上最先做成功的，参加了国际展览；接下来，我们做多道脉冲分析器；1964年，我们开始改进机载雷达，这种雷达后来在电子部投入批量生产。

卫星上天　我们测控

1957年是国际地球物理年，科学院赵九章先生很早就提出能否放卫星。后来苏联放了。

我是搞电子的，对卫星发的无线电信号有浓厚的兴趣。

所以苏联放卫星后，我和张志诚，还有研究室的其他几位同志，合计着能否收到苏联卫星上的无线电信号。我们开设了一个小小的课题（并非上面下达的任务），几个人一起做了一台接收无线电信号的装置。后来，搞天文的同志也加入进来了。

苏联的第一颗卫星早晨太阳没出来时能用肉眼看到，我起来看到过 2 次。我们接收到它向地面发射的无线电信号及频率变化（称为多普勒频率），并计算出它的轨道，还推测了一下它里面可能有些什么内容。

1965 年，赵九章、钱学森向中央提出搞人造地球卫星。在毛主席讲了“我们也要人造卫星”以后，科学院正式组织研制卫星，称为“651”工程。在此之前，科学院已经组织实施“581”任务，研制了探空火箭，他们就成为“651”的基础。在对卫星的跟踪测量方面，则于 1966 年组织成立了“701”工程处。当时，这项工作有天文、电子、光学三方面的人参加。

赵九章先生在清华做过助教。我在清华物理系读书时，他辅导过我们的实验。大约在 1966 年的夏秋之交的一个傍晚，我出家门散步，迎面碰到赵九章先生和其他几个人。他对我说，“我们搞卫星，无线电非常重要，这是重要的一环，卫星发出去后就看你们的了”。

我在“701”工程处工作后不久，便被部队（国防科委）的基地接管了。领导先叫我到天桥无线电厂劳动了近一年，再到陕西某地工作。因为搞设备和设站，四处奔跑，以后就再没有看见赵先生。没想到后来赵先生竟被“造反派”批斗致死，这是我这一生想起来就很难过的事。“文化大革命”时期，我虽因为到了部队，没受到冲击，但是心里对为什么要这样搞实在想不通，家里也曾被红卫兵抄过一次。当时我倒是把毛主席著作认认真真地读了一遍，但是也找不到答案。

人生断想　偶然际遇

我的经历，想起来有许多偶然的际遇。

1938 年我大学毕业后，在清华无线电研究所工作了一段时间。那时，总想为抗战做点事，就到了航空委员会的成都无线电厂，做飞机上的导航设备。有一次，国民党引进了美国的导航台，在重庆，让我去装。装好后，他们让我把导航的方向指向西安，我感觉不对头，因为日本人不在西边，于是产生了离开那个工厂的想法。

二次世界大战快结束时，美国、英国在中国招收一批人员，预备战后在中国做生意。我就是想离开工厂，先后报考了美国的电影工程和英国的无线电技术。1944 年夏秋之交，先通知考取的是美国的电影工程，通知我到重庆教育部报到出国。我到了重庆，教育部说厂里来信不放我走。我就去找好友陶晓光，他是陶行知先生的儿子。我知道陶先生和解放区有联系，有可能想办法到解放区去或是找件别的事，就不回成都了。记得当晚我在他家一直等到深夜，陶晓光都没有回来。第二天，我在街上徘徊，恰好碰到了航空委员会一个干部，他告诉我，说我已经考上了英国无线电厂。因此，我就在重庆报了到。回到了成都，厂里也没有说什么。于1944年底出了国。

在英国，我在一个工厂的研究室做过海用雷达的工作，1948年回国。到上海后，国民党希望我去飞机场工作，我不愿去。他们又让我去南京，那时正是淮海战役的时候，我坚决不帮国民党打共产党，想出了一个不去的办法，我岳父是名医生，我就让他把我的左脚的大趾甲给拔了，因此就住院了。后来,从成都搬回的无线电厂（后改为一研究室）的厂长，干脆让我住进了正规医院。1948年底,我到了冯德培先生（在英国时认识）的生理生化研究所，做神经电脉冲的测量设备。

我的一生中，回想起来，遇到的偶然性事件相当多，有些可能会影响到一生的工作和生活。但是从中学开始逐渐地从对国事的了解，学生运动的参与和体会，革命队伍中熏陶，逐渐地立下了志愿，跟着共产党走，为祖国和民族的振兴而工作和贡献一切，则是一成不变的了。如果说在工作中有一点成就，也正是从立志而来。

测控方法有些争论

部队接管“701”工程处后，在很长一段时间里，我非军非民，经常穿一套蓝色衣服，战士们叫我“老师傅”，这倒让我觉得很合适。

对于卫星的测控，许多工作都是和大家一起做的。只是在一些方案、思路上提得多一点。对第一颗卫星来说，在测量方面，卫星发射上天后，有三点最为重要。

第一，卫星是否已经进入了运行的轨道。

第二，卫星的轨道是什么样的，是否符合预定的要求。

第三，卫星运行中，什么时间到达什么地点上空的预报。

1965 年年末，科学院开过一次较大规模的会，讨论卫星的研制和测控问题，会上有些争论。在测量方面，光学观测是需要的，大家的意见是一致的，但是考虑到天气不好时光学看不到，还得有无线电测量。争论的正是无线电测量方法，特别是对入轨点的测量。当时，苏联和美国主要是采用干涉仪。天文台的一些同志坚持要用干涉仪，电子部提议用雷达，我主张用无线电多普勒测量。最后的意见是在入轨点，光学、雷达、多普勒都用，可以说是为了保险，干涉仪则在入轨后的第一个观测站和第二圈经过我国上空时设置拦截观测，但是是试验性质。

关于如何设置观测站的问题，我们国家不像苏联经度跨度那么大,受地域影响,我们一定要适当选择站址,才不会“丢”了卫星。我们考虑卫星上天后的第二圈在新疆那边看，10 多圈之后，则转回到东部沿海可以看到。这样，在新疆西部的喀什、东北和胶东地区设观测站就非常重要；此外还考虑了其他一些地方，因此，先后建起 8 个站和一个测控中心。后因发射静止通信卫星，又增加 3 个站和测量船。

在卫星测控中，我思想上有几项原则。第一，设备要有高的效率，但是也要尽量地简化，从国家的经济和人员的情况看，尽可能快地建设自己的测控网。提出的新方法更要考虑是否比旧的方法效率更高，效费比更高。第二，结合中国的条件考虑，我们要求仪器效果不低于人家，但是要想法以中国的条件来达到。当然，如果有些新的元部件，我们也可以自己做。我头脑中一直有一个念头,既然我也学了这些知识，我们应该有自信心，只要干，就不会比人差。

卫星观测一共包括四个方面，其中三个是测控，叫做 TT & C，即跟踪、遥测和控制，还有就是通信。通信把各个系统、各个台站和中心联结到一起。

当时传达中央的指示精神是“抓得住，测得准，报得及时”，我们做到了。我做的是偏重于测控设备方面的工作，实际上还有很大一部分是软件工作,如测量到后,计算卫星轨道，管理卫星的运行和控制执行某种任务等，也都需要在 TT & C 中做。

测控技术与观测站点

对我国放第一颗卫星来说，“抓得住”是卫星测控中最主要的一道难题。如果卫星送上去了，自己却没有看见，不知道卫星到哪里去了，也不好宣布发射成功了，因此大家都很关注。

“抓得住”最主要的是对卫星入轨点的测量。当时估计我国第一颗卫星的入轨点在湖南南部到广西北部一带，因此在这一带设观测站是必要的。但是用什么测量设备呢？光学设备是肯定要用的，光学经纬仪可以起较大作用，但在当时也让人感觉不放心，主要是怕天气不好时看不见。因此，在关键的闽西站，光学、雷达和多普勒三种方法都用上了，在南宁还使用了干涉仪。由于多普勒实时定轨需要多站观测,因此，在闽西、南宁、昆明和莱阳都装上了多普勒，根据多普勒数据可以定出卫星运行的轨道。雷达主要是用来测量距离和卫星角度的，跟踪卫星上的应答机，测量一段距离后，可以算出卫星轨道。

观测站点的选择，主要是和天文台的同志一起商量。因为还有卫星入轨后的第2圈,将经过中国西部边界附近的上空，大家认为这一次的观测也很重要。因为这次测到就可以完全肯定卫星运行正常,同时,测量以后可以把轨道算得更加准确。因此，一致的意见是在新疆西部喀什设站，并安装光学、多普勒和干涉仪等设备。卫星经过10多圈后，回到我国东部沿海上空，这时就要靠东北和山东的站了。卫星的测控中心设在西安，管理和指挥各站工作。各站测得的数据，经过通信线路送至中心，中心计算机综合各站数据，计算出卫星的轨道参数。需要卫星做某种动作时，中心发出遥控指令，经过适当的测控站发往卫星。

在研制第一颗卫星时,地面系统考虑观测较多,没有控制。“东方红一号”一上去就自动唱起了“东方红”，没进行遥控。

“东方红一号”卫星发射时，我们正出差在科学院上海科仪厂，讨论新的测量设备。一天晚上，我们几个人走在街上，听到新闻公报，说我国成功地发射了人造地球卫星，并传来了《东方红》的乐曲声。这说明我们的测控系统也成功了，真的很激动，很高兴。

统一测控系统

20 世纪 70 年代的时候，我们国家已经有人提议搞载人飞船，我自然想到将来的测控问题。我研究了美国登月球时的测控方法，他们用的是微波统一测控系统。后来我们的飞船项目暂时不上了，但是我想为什么不把统一测控系统用在别的项目上面呢？例如通信卫星。我和几个同事就给通信卫星设计了一套统一测控系统，当然与美国的不一样，用了一些新方法，上报给上级部门。当时有很多人觉得没必要，那时的测量、遥测和遥控都是分开搞的，各成体系，各自归不同的单位管理，如果搞统一系统，怎么能合在一起呢？结果，发射中心参谋长支持这个方案。方案报送到国防科委后，时任国防科委副主任的钱学森赞成，通信卫星的总设计师也赞成这一方案。原因是用了统一系统，就可以将卫星上各种测控信号都调制在同一个载波频率上和地面联系，这样卫星上就可以省去好些设备，特别是天线，原来需要几套，现在一套就够了，对卫星十分有利。

这个方案得到批准后，到底谁来做，又发生了争论。最后的结果是四机部做一套，七机部做一套，国防科委科技部的同志和我在中间做协调工作。

“远望”号测量船

观测卫星在海面上空的情况只能依靠测控船，特别是发射静止通信卫星。卫星不能一次就定点在36000千米高度某一经度的赤道上空，需要控制它进行两次变轨，测控船起关键性作用。早在第一颗卫星发射之前，国防科委基地的技术人员就提出需要测控船（因为导弹试验也需要）。我们的两条测量船——“远望1号”和“远望2号”是在“文化大革命”期间造的，我们在船上装了对卫星的测控设备。在发射静止通信卫星之前，还装上了统一测控系统设备。目前世界上也只有少数几个国家有测控船。

发射静止卫星的过程是先把卫星送到有一定倾角的400千米或200千米高度的椭圆轨道，当它经过赤道时要进行变轨，要变到36000千米高度的圆轨道，还要把轨道倾角转变为零。这些测量控制需要在海上进行，靠船上的测控设备来完成。船上还有大功率的远距离通信机，与国内的测控中心联系和传递测量数据。因此，船上的设备多，无线电天线也多，发生了电磁互相干扰的问题；特别是大功率通信机一开机，就会使好些设备受到干扰而不能正常工作。当时的一个办法是先把信号用小功率送到几十千米以外的另一条船上，再通过该船上的大功率发射机将信号发回国内。即使这样做，仍不能解决全部干扰问题。

为了保证发射静止通信卫星时测控船所有设备都能处于正常工作状态，国防科委的测量通信总体研究所和“远望”号测量船上的技术人员以及我们一起想办法。我们一方面把之前搞的不严格的工程加以改正和完善，另一方面提出了一套频率分配的算法，使各种设备选择使用的频率避开其它设备的频率，包括可能产生的一定次数的谐波和组合波，这样就避免了互相干扰。测通所计算室的同志做了大量的计算工作，我们又在船上做了海上试验，证明是非常有效的，就此解决了电磁干扰问题。测控船后来在发射通信卫星和远程导弹中起了很大作用。

对“两弹一星”精神的体会

对于一项大的系统工程，从科研到开发到实用，我觉得没有比大力协同来做更重要了。放卫星的工作，包括卫星本体、发射卫星和对卫星的测控三个方面，每一方面都需要多个学科和多种技术的协同工作才能做成。就拿测控来说，我在前面提到的主要是关于测控设备和建立观测站等问题（因为自己的工作在这一方面），但是还有重要的方面是如何计算卫星的轨道，如何控制卫星的运动等工作，如果没有天文和计算数学的人参加，即使有了设备也没有用。进一步的创新工作更需要多个学科，从基础到技术的人都参加。我自己在许多问题上常感数理基础不够，也深感若没有大家的合作，就不会做出一些成绩。在几十年的工作过程中，我还感到中国人的刻苦耐劳，为民族、为国家的精神在世界上是无可比拟、远胜于人的。记得在我们为建立测控站而四处奔走时，也正是“文化大革命”十分紧张之时，火车上拥挤不堪，我和青年同志们一起，有时站着也谈工作，吃不上饭、睡不上觉，但工作还是做好了。因此，我相信，在国家现代化建设中，无论是国防事业，还是民用设施，如果再有与“两弹一星”类似的大项目，只要在党的领导下，发挥大力协同精神，我们一定能超越他人，圆满完成。

对于个人，我在“一二·九”运动时，只是民族先锋队的外围人物，受到同学的启发对共产党有所了解。抗日战争时期通过对许多事实的了解和思考，逐渐树立了只有跟着共产党走，才能救中国的信心和决心。解放前夕我从国外回国，就想方设法不为国民党效力。全中国解放以后，正是我的壮年时期，自然力求以所学的专业为国家作一点贡献，学用结合，边学边用，为祖国的现代化而努力工作是我的志愿。在“两弹一星”工作中，我自己的感觉是因为抗日战争，学校搬迁，自己又生过几次病，学习基础不够，影响到许多工作做得不够好，心中还有遗憾。“文化大革命”期间我到了国防科委，没有受到冲击，只是开始时被下放到无线电厂劳动了一年，与工人同志关系相处非常融洽，并帮助他们解决了通信机生产等类似一些技术性问题。不像许多学校里的老师和科学院的研究人员受批判，没有工作做，去扫厕所。我没有丧失这五六年为国家工作的机会，感到很是幸运，并且十分感谢部队的信任和支持！

希望科学院起更大作用

“两弹一星”，科学院起了很大作用，希望科学院在今后的国民经济建设中起更大作用。科学院各个学科都有，有利于各学科的融合和交流。科学院有良好的基础研究传统，可以为国家知识创新体系的建立提供后盾。

对于创新，无论是基础性研究抑或高技术研究，学科之间、基础和技术之间的相互了解、交流、交叉和协作是十分必要的，他们的相互融合也会互相促进各自的进一步发展。

首先，中科院学科齐全，基本囊括了目前科学研究的各个领域。这使得各个学科交流十分方便、快捷。当今科技的发展与创新，如果没有学科之间的交流，很难有所创新。举例来说，最近正准备研制的对地观测小卫星系统，就是我们和地学部的陈述彭院士等人一起提出的，这是典型的空间技术与地学的结合。

其次，中科院有很好的基础研究传统。如纳米技术的研究，对电子学意义重大，将可能使“微电子变成纳电子”；原子钟不仅是计时最准确的钟，还是计量的基准；高温超导材料的使用，可以使卫星上许多零部件体积缩小；许多基础性研究，中科院已经进行到一定程度，只要再往前走一步或两步，并互相结合，对工业部门一定会有很大的帮助。

目前，国家很重视高技术的发展，这不能没有基础性研究。高技术需要基础研究，同时反过来也促进基础研究。我们的科研现状，在协作方面表现出一种令人担忧的现象，科研上的有些事情，互不通气，不了解，这很不利于发展与创新。

我们希望科学院能像在“两弹一星”的工作中那样，和其他部门大力协作，更多地解决国家经济发展中急需的问题，同时，看到未来的发展，以创新的研究成果作为产业部门的先导和后盾。

1998 年 8 月（王静、黄波整理）

【注 1】本文转引自浙江人民出版社 2014 年出版、由浙江省台州市档案局编纂的《功勋院士陈芳允》一书 174–179 页。原文署：“转引自《历史记住他们——中国科学家与两弹一星》，暨南大学出版社 1999 年版。”

【附录 4】《我们的父亲陈芳允》

陈晓东（执笔）、陈金凤

父亲是中国科学院院士，“两弹一星”功勋科学家，我国“863 计划”的发起者。他以自己的亲身经历教育着我，这种身教重于言传的方式影响了我,并使我一生受益。父亲告诉我，作为一个从事科学研究的科学工作者最重要的有三点：首先，也是最重要的一点，就是要有爱国之心，这是一切科学研究的根本，科学无国界，但从事科学研究的人是有祖国的，心中要有国家,这是科学工作者最需要明确的。在父亲的教诲下，我毕生为了国家的富强和发展，献身微电子行业。第二点是要努力工作，父亲一生兢兢业业，鞠躬尽瘁，献身科学的敬业精神不断激励着我奋发向上。第三点是淡泊名利，父亲从不追名逐利，一生只在他从事的领域执着地追求新的突破，这种精神也深深感染着我。父亲教导我不要跟在外国人后面一步一步爬行，亦步亦趋，要改变观念，要创新，跨越式发展。我从事集成电路设计工作，遵从父亲的教诲，每一个五年计划就跃上一个数量级，集成度从千门、万门、几十万门到几百万门，大幅度跨越，达到了国际水平。

2009 年，我们读到一篇关于原清华大学物理系教授叶企孙先生的文章，读后非常感动。沉寂了几十年之久的叶教授终于浮出水面，终于有人公开主持公道为其鸣不平。可以说没有叶教授，哪有清华物理系的辉煌，哪有“两弹一星”的功臣？作为小辈，我们穷词难表。但若我们父亲地下有知，也会感到欣慰。那是在“文化大革命”血雨腥风的 1967 年，一个晚上，父亲特地让我陪他一起去看望了叶企孙教授，那时还是要冒着极大风险的。父亲为了不影响到别人，所以特地让我陪他去。叶教授终身未娶，没有子女，虽说桃李满天下，却都自顾不暇。晚年逢“文化大革命”备受折磨，贫病交集，很是凄凉。他可是一代以身许国之知识分子典范啊。父亲看完恩师回来，心情不免沉重，但也无奈。连我那 1974 年才嫁进门的爱人也知道这事，同时也感受到我父亲儒雅宽厚和尊师重教的风范。

父亲不仅对叶教授满怀尊敬，对吴有训教授、严济慈教授、孟昭英教授等原物理系教授也一样尊敬有加，即使在晚年，父亲自己都已经 70 多岁了，但逢年过节都会尽量抽出时间去看望他们。在他心目中，他们始终是他的老师。如果没有他们当年的教诲以及开放的学术氛围和提供的实验室，并强调动手能力，不可能打下一个很好的基础。这些基础让学生终身受益并为新中国培养了一大批栋梁之材。我们的母亲也是如此，尊师重教。直到晚年，她已经70多岁，还要去看望贝时璋教授，并经常念叨大学的一位老师，老师去世以后，对其家庭还资助过一段时间。

父亲一生很节俭。我们经常看到他自己缝补衣服。他还有一手自己理发的绝活。他和母亲两人早已是一、二级教授，在当时工资不低，而且只要了2个孩子。按常理他们应该有不少积蓄，但事实不然。多年来，除了双方父母，他们还一直资助几位亲属和故旧；经常帮助单位生活困难的同事，甚至在经济上支持年轻人考试和出国留学深造。母亲也一直为社会捐款捐物。为这，还有些人不理解，在“文化大革命”中还批她搞腐蚀拉拢。而父亲的工资拿回家的很少，主要花哪儿去了？我母亲也一直不过问。当然我们更不知道具体数目，只是隐约知道一些。还有些是父母去世后从别人口里知道的。有一次我们回浙江老家，很过意不去老家的亲戚对我们特别客气，因为我们毕竟是一般的知识分子家庭。后来他们告诉我们当年父亲对他们的资助，及老家爷爷遗留下的一些家产，父亲也全部放弃。在父亲的葬礼上我们曾看见2个学生模样的人尾随在吊唁队伍最后，在父亲的遗像前深深地三鞠躬，然后就走了，没有和我们打招呼，估计也是父亲资助过的学生。

母亲对父亲不仅工作百分百支持，对他的为人也是百分百信任。而父亲对母亲也是百分百信任，由母亲处理家里所有事情。科学院建院和建所初期，工作较忙，千头万绪。院里曾有一次住房调整，我们住 10 号楼，属甲楼。父亲按职务和职称可以搬到 13 号特楼去，父亲回来和母亲商量，母亲回绝了。因我母亲本身也是研究员，对自己业务抓得也很紧，不想大动干戈。后来甚至带病工作，但从不要父亲担心和请假作陪，她一生坚强。母亲和父亲一样，在名利面前，也比较低调，能让就让，能迁就就迁就。在她身上体现出了中国传统妇女和知识女性的双重美德。母亲生前担任生物物理所研究员、中国科大生物物理系副主任、生物物理学会秘书长，后期还帮着建立清华大学和南开大学生物系，工作繁忙，还包揽了全部家务，让父亲一心扑在工作上。父亲的出色成就与母亲的辛劳是分不开的。母亲 1996 年去世时，《中国科学报》登载的纪念文章的标题是《春蚕到死丝方尽》。母亲就像一只吐丝的春蚕，一丝一丝成就了别人，最后遗体还捐献给了医学解剖。

父母感情很深。父亲曾经说过，如果没有妈妈的全力支持，他的工作不可能取得今天的成绩。所以在母亲病重住院期间，父亲几乎每天下班以后都到病房陪母亲待上很长时间。他一辈子考虑的是国家和工作，在母亲最后的岁月里，他才陪着母亲走过与病魔抗争的有限时光。父亲有大爱，爱祖国，爱工作，爱老师，爱学生，给家人的时间有限。尤其在考察和建卫星地面站时，更是长年在野外。晚年有了小孙女，他非常疼爱，但是因为工作繁忙长年不在家。

父母去世之后，除了父亲20世纪90年代获得的何梁何利奖金10万港元未动之外，只有很少一点存款。剩下的就是工具书、书稿等，没有一样值钱的东西。家具都很简陋，有的还是20世纪50年代建院时的家具。

在做人方面，父亲母亲确实给我们做了一个好榜样，并影响我们的一生。我从小就懂得要靠自己，不依赖父母。改革开放以后，工作种类选择性更多一些。我爱人毅然去了外企工作，从经济上改善了自己。大女儿在国内工作出色；小女儿出国学习都是她自己考托福、GRE出去的，现在已是某公司地区经理。

父亲于2000年去世。2001年，国家天文台将1998年发现的小行星1998CF1（国际编号第10929号），经国际天文学联合会小天体命名委员会批准，命名为“陈芳允星”。直到2010年，我完全退休以后，也继承父母低调处事的风格，与国家天文台协商，不想麻烦原单位和惊动有关部门再举行仪式，而是直接取回授予的小行星命名证书和奖牌珍藏起来。

【注】本文作者，是陈芳允先生之子陈晓东（执笔）和儿媳陈金凤，原文转引自浙江人民出版社2014年12月出版、浙江台州市档案局编纂的《功勋院士陈芳允》第184—185页。

【附录 5】《竭诚为国兴 努力不为私》

——陈晓南回忆父亲陈芳允院士二三事

陈芳允院士（1916—2000 年）是我国电子学家、空间系统工程专家，我国卫星测量和控制技术的奠基人之一，“两弹一星”功勋奖章获得者，中国科学院院士，国际宇航科学院院士，曾任国际宇航联合会（IAF）副主席，为我国航天事业的发展作出重大贡献。他是我国第一颗人造卫星跟踪测量系统的技术负责人，全面参加了系统设计和建设工作。1983 年，陈芳允及合作者提出利用两颗地球静止轨道卫星进行定位导航的设想，这一系统称为“双星定位系统”，成为后来“北斗”卫星导航试验系统的奠基理论。他还相继提出了遥感小卫星群对地观测系统和小卫星移动卫星通信系统等方案。1986 年，陈芳允和其他三位著名科学家联名向中央提出发展战略性高技术的建议，对此，国家出台了《高技术发展计划纲要》，这就是“863计划”，这个计划成为我国航天事业在新的起跑线上快速发展的催化剂。

我的父亲陈芳允于2000年因病永远地离开了我们。至今，父亲的音容笑貌仍然能在脑海里清晰浮现。多少次在梦中见到父亲：深夜还在书房里伏案工作，在饭桌上讨论工作中的问题……

父亲的一生是献身科学的一生，是艰苦奋斗的一生，也是平凡的一生。父亲的精神和信念值得传承，这里拾取父亲生前的几个小故事，以表达对父亲的怀念之情。

淡泊名利　宁静致远

1965年，我国开始了第一颗人造地球卫星东方红-1的研制工作，父亲担任东方红-1卫星的测控总体技术负责人。当时，卫星测控是一个全新的技术领域，特别是对卫星的跟踪观测到底采用哪种技术手段和方案，没有经验可以借鉴，完全是白手起家。父亲不仅要带领其他技术人员深入研究，反复进行方案论证，还参与测量设备的制造和测控台站的建设。

那个年代不可能有现成的进口设备，所有测量设备必须由国内几十家工厂来做，父亲奔走于全国的各个工厂，解决他们的技术难题；同时还要参加闽西、南宁、昆明、莱阳4个测量台站的建设工作。那时的我已是十几岁的小伙子，在记忆中，那些年父亲一直在外奔波忙碌，很少见到他的身影，即使偶尔回到家中，父亲还是在他的书房里查阅大量资料，埋头工作。

由于当时特殊的历史环境，父亲被扣上“反动学术权威”的帽子，剥夺了社会职务，虽然人在军队，却无法穿上军装，大家都叫他“老师傅”。但是父亲并不计较这些，反而满足地说：“在科学院工作的同事还羡慕我，又没被斗，还能参加工作。”父亲最大的痛苦是剥夺他科研工作的权利，使他想干的事无法实现。

1970 年 4 月 24 日，我国第一颗人造地球卫星东方红 –1 发射升空，父亲亲手参与筹建的地面测控系统很快就准确抓住了天上的卫星，及时预报东方红 –1 卫星飞经全球的时刻，圆满完成第一颗卫星的测控任务，保证了东方红 –1 卫星成功发射和运行；同时，也为我国后来卫星测控网的建立奠定了基础。

心忧祖国　敢为人先

父亲是个站在中国看世界、站在今天想明天的人。记得 1964 年的一天，我在父亲的书桌上看到几本介绍船舶的影印书，虽然书中全是英文，我无法看懂，但其中的大型船舶结构图吸引住了我的眼睛，驻足看了半晌。十几岁的小伙子自然会对船感兴趣，我问父亲：“这是什么船呀？造得真好。”

父亲没有直接回答我，只是说："要想赶上国外，我们也得建这种船。"多年以后我才知道，那是航天测量船。早在我国准备建造远望号测量船之前，父亲已经对国外航天测量船进行了潜心研究。

1971年远望号测量船项目正式上马后，由于船上有多种测量、通信设备，仅天线就有54台套，各种设备间电磁干扰严重，影响了正常工作。父亲首先提出，测量船能否在测量的同时实现与国内通信，关键是解决测量船上众多设备之间的电磁兼容问题。他和技术人员在远望号测量船上实地考察，成功地解决了远望号测量船的电磁兼容这一重大技术难题，并在我国向太平洋发射远程运载火箭试验中首次得到验证。

父亲思维活跃、善于思索。早年从事电子技术和雷达工作时，父亲就已经开始关注导航定位问题。在他参加卫星测控工作之后，一直希望解决利用卫星对地球上运动物体的导航定位。他研究了美国的GPS导航系统，为了满足全天候、全天时、连续导航定位工作，GPS系统至少需要18颗以上卫星。然而，按照我国当时的技术和经济状况，发展类似美国的GPS系统难度相当大。

在中国第一颗地球同步轨道通信卫星发射升空前的一天，父亲对北京跟踪与通信技术研究所的同事刘志逵说，能否考虑充分发挥地球同步轨道通信卫星的作用，让它为国防和国民经济服务。父亲和刘志逵大胆设想和探索，提出用两颗地球同步轨道通信卫星上的一段频段，即可确定地面目标任一时刻的位置和进行海上移动物体的导航，也就是“双星定位”，这成为后来我国“北斗”卫星导航试验系统的奠基理论。

1994 年，“北斗”卫星导航试验系统工程正式立项；2000 年 10 月，我国第一颗“北斗”导航卫星发射成功。然而，就在此前 5 个月，父亲带着遗憾走了，没能亲眼看到“北斗”卫星上天。

生活朴素　乐于助人

父亲对工作是高标准，对生活却是低标准。父亲从来不去理发店，一直都是自己给自己理发。他说：“去理发店太费时间，不是理发师傅等你，就是你等理发师傅，有时一等就是半个小时，结果还未必满意。”所以不知从什么时候开始，父亲练出了一手绝活儿——自己给自己理发，一把剪子加一把推子，前后各一面镜子，对着镜子前后连理带推，眨眼工夫就理完了。即使到了晚年，他仍然保持着年轻时学会的自己给自己理发的传统。

父亲还能自己缝补衣服，这一招是打小就养成的习惯。父亲的祖父是当地有名的裁缝，所以父亲从小便与针线打上了交道。在 81 岁高龄时，一旦衣服破了需要缝补，只凭一种感觉和经验，他仍能将手中细细的线轻松地穿进那个小小的针眼。

父亲一生非常节俭，直到病逝前，家里看不到一件像样的家具，连褪了色的布窗帘也舍不得换。但对需要帮助的人却很慷慨，他为家乡的母校设立学生奖励基金捐款；当得知清华大学一名学生需要帮助时，他又捐助了 1 万元。

“人生路必曲，仍须立我志。竭诚为国兴，努力不为私。”“四十年京兆一技人，求新服务不爱名，一称专家已过誉，惭愧国人赶超心！”诗以言志，这是父亲作的两首诗，也是他精神和信念的真实写照。

【注】本文是陈芳允先生之子陈晓南先生对父亲的回忆，原文后注明：“由本刊记者徐菁根据陈芳允院士之子陈晓南先生口述材料撰写”，该文原刊载在《国际太空》2014 年 4 期上，作者署名：徐菁、陈晓南。